民國歷史與文化研究

八 編

第 **2** 冊

北洋政府時期的外籍顧問寶道（Georges Padoux）

林 政 賢 著

花木蘭文化事業有限公司

國家圖書館出版品預行編目資料

北洋政府時期的外籍顧問寶道（Georges Padoux）／林政賢 著
— 初版 — 新北市：花木蘭文化事業有限公司，2018〔民107〕
目 2+134 面；19×26 公分
（民國歷史與文化研究 八編；第 2 冊）
ISBN 978-986-485-492-9（精裝）
1. 中國外交 2. 北洋政府
628.08   107011545

ISBN- 978-986-485-492-9

9 789864 854929

民國歷史與文化研究
八 編 第 二 冊   ISBN：978-986-485-492-9

北洋政府時期的外籍顧問寶道（Georges Padoux）

作　　者　林政賢
總 編 輯　杜潔祥
副總編輯　楊嘉樂
編　　輯　許郁翎、王　筑　美術編輯　陳逸婷
出　　版　花木蘭文化事業有限公司
發 行 人　高小娟
聯絡地址　235 新北市中和區中安街七二號十三樓
　　　　　電話：02-2923-1455／傳眞：02-2923-1452
網　　址　http://www.huamulan.tw 信箱 hml810518@gmail.com
印　　刷　普羅文化出版廣告事業
初　　版　2018 年 9 月
全書字數　125948 字
定　　價　八編 10 冊（精裝）台幣 18,000 元

北洋政府時期的外籍顧問寶道（Georges_Padoux）

林政賢　著

作者簡介

林政賢，1988 年生於臺灣，2015 年畢業於國立東華大學歷史學系及所屬歷史研究所，主攻中國近代史，著有碩士論文《北洋政府時期的外籍顧問寶道（Georges_Padoux）》。目前就職於中華民國國軍。

提　　要

　　自清末中國決定進行西化改革以後，直接聘請西方人協助也是一種重要的方式。儘管至民國建立以後，中國仍為積貧積弱之國，北洋政府深陷軍閥內爭與經濟困頓，然而在外交上有取得了數次與國力可稱得上不相稱的成就。北洋政府一如前朝一般有聘請外國人作為各項事務的顧問，但這些顧問多數尚未被深入研究，是阻力或助力其實值得探討。本文主角　道是因 1915 年的善後大借款而被聘用，其人雖然在今日並非聲名顯赫，但他其實參與了北洋政府時期廣泛的外交事務，其中重大者有：一次大戰對德船隻及財產處置、巴黎和會籌備、巴黎和會、與無約國建交、中德復交、山東問題處理、國會籌議廢棄二十一條、到期修約等事務等。他所提出的意見雖然並不是每每收到重用，並非完全正確，也是個為重要的意見提供者，可說是對北洋政府的外交事務做出了重要的貢獻。

目

次

第一章　緒　論

一、研究動機與目的

　　19 世紀中葉鴉片戰爭以後，中國被迫簽訂一系列不平等條約，中國的民族自尊心，及在東亞的國家地位受到嚴重的打擊；中國人逐漸意識到如果要維持中國的地位必須有所改革。而其中一個改革的方法是「師夷之長技」，即今日所稱的「自強運動」或是「洋務運動」。但甲午戰爭暨八國聯軍戰役接連失敗，中國朝野意識到僅有學習西方技術和器物的變革是不夠的，於是在制度面也開始進行西化的改革。

　　當時學習西歐國家的方法除了透過政府派遣留學生、有志之士自費出國遊學、及翻譯西文書等方法外，另一個重要的方法便是直接聘請西方人協助。無論這些外國人是傳教士、商人、軍人、專業的法學家，或是有多重身份的人；只要有能力、而且願意協助中國改革，都開始都被以「顧問」的名義聘入中國政府，或是任何需要的機構。然而也有列強將「顧問」作為執行國家政策的工具，透過強迫中國聘用的方式試圖控制中國部份的國政，即使不是強迫聘用的顧問亦有可能暗中執行母國交辦，但不利於中國的任務。無論其人對中國的態度如何，這些外國人皆直接、間接的影響中國政府機關的決策，也因而影響了近代中國歷史的發展走向。

　　這些擔任顧問的外國人，較著名的有主持海關總稅務司的赫德（Robert Hart，1835～1911）；贊成袁世凱施行帝制的法學家古德諾（Frank Johnson Goodnow，1859～1939）；擔任袁世凱政治顧問的莫理循（George Ernest Morrison，1862～1920）、北洋政府的法律顧問有賀長雄（1860～1921）；協助

中國政黨改造的鮑羅廷（Mikhail Markovich Borodin，1884～1951）；1930 年代中德合作時期，協助國民黨軍事現代化，研究抗日戰略的軍事顧問法肯豪森（Alexander Ernst Alfred Hermann von Falkenhausen，1878～1966）；第二次世界大戰時，擔任盟軍中國戰區參謀長，兼駐華美軍指揮官的史迪威（Joseph Warren Stilwell，1883～1946）；接替史迪威職責，持續協助中國軍事改良的魏德邁（Albert Coady Wedemeyer 1897～1989）等人，但以上其實只是中國歷代政府所聘外籍顧問的一小部分而已。

民國建立以後，中國仍為積貧積弱的國家，如何改變中國的國家命運，始終是中國朝野所懸念和關注的議題。北洋政府時期中國歷經數次改變中國國際地位的重大事件，如第一次世界大戰、巴黎和會和華盛頓會議。而據學者的新近研究，北洋時期的中國政府儘管身陷在軍閥內鬥和經濟困窘之中，但是外交上卻有積極的作為，取得了與國力不相稱的外交成就，〔註 1〕同時，北洋政府雖繼承清末重大外債、造成財政困乏，仍先後聘請了許多的外籍顧問，即便並非所有顧問都是自願聘請，也反映了北洋政府試圖改變中國的積極企圖。

北洋政府聘請的外籍顧問，除了較為著名而且研究較為充分的有賀長雄、古德諾、莫理循等人外，其實還聘請了許多的顧問，據北洋政府於 1923 年的調查，當時中央政府共聘了 23 名外籍顧問。〔註 2〕這些外籍顧問多數尚未被深入研究，如擔任總統府顧問，翻譯《紅樓夢》的法國漢學家鐸爾孟（D. Horman），曾經在海關總稅務司工作、擔任記者、總統府顧問、1930 年協助閻錫山接收天津海關的英國人辛博森（Bertram Lenox Simpson，1877～1930），以收藏古董，促進中西文交流聞名，擔任總統府顧問的美國人福開森（John Calvin Ferguson，1866～1945），瑞典籍總統府顧問滿德（George Mantle ），水利局工程顧問荷蘭人方維因（H. Van der Veen），農商部顧問，以考古學聞名的瑞典考古學家安特生（Johan Gunnar Andersson，1874～1960），美國籍農商部顧問余佛西（William Forsythe Sherfesee，1882～1965），法國籍司法部、審計院顧問寶道（Georges Padoux，1867～ ）等人。這些顧問實際上扮演了什麼樣的角色？是助力抑或是阻力？都是值得進一步探尋的。

〔註 1〕徐國琦著，馬建標譯，《中國與大戰：尋求新的國家認同與國際化》（上海：上海三聯書店，2008），頁 5～6。唐啟華，《被「廢除不平等條約」遮蔽的北洋修約史（1912～1928）》（北京：社會科學文獻出版社，2014）。
〔註 2〕《北洋政府外交部》，〈法函送中央各機關外國顧問名單由〉，1923 年 11 月 15 日，中央研究院近代史研究所檔案館藏，館藏號：03-01-026-02-001。

　　在上述北洋政府所聘任的外籍顧問中，寶道雖不是鼎鼎有名，但對中國的內政外交建言頗多。他在任職北洋政府顧問之前，於 1890～1896 年任職法國外交部，1896～1904 年轉任突尼西亞政府秘書長，1905～1914 年間再往暹羅（今泰國）擔任政府法律顧問，期間編成了《暹羅王國刑事法典》，北洋政府政治顧問莫理循認為他是協助該國重振國威、取回政治、司法、財政自由，最傑出的外國人之一。〔註3〕寶道因 1914 年善後大借款案而被聘為中國顧問後，參與了一次大戰對德船隻及財產處置、巴黎和會籌備、巴黎和會中國代表團、與無約國建交、中德復交、山東問題處理、國會籌議廢棄二十一條、到期修約等重要的涉外事件。1928 年南京國民政府建立後，再繼續受聘為立法院、司法院、交通部的法律顧問，和擔任「華洋義賑會」副會長（1926～1929）。他所提出的建言涵蓋外交、法制、財政等議題（詳見附錄一），而且時人評論他的報告、建議和論著，都頗為肯定其深諳中國國情。〔註4〕因為寶道的政治活動和建議多集中在北洋政府時期，其在南京國民政府時期的活動較為沈寂，且意見書較為零散，導致其個人政治活動的資料難以掌握，甚至無法得知其何時離開中國，故本文主要針對寶道擔任北洋政府時期的外籍顧問角色，探討其外交建言和貢獻。

二、文獻回顧

　　歷年的外籍顧問研究已經累積了豐富的成果，其中年代較早的是美國著名學者史景遷（Jonathan Spence,1936～）所著的" *To Change China：Western Advisers in China, 1620～1960* "（英文版於 1969 年出版，中文譯名為《改變中國》），該書自 1620～1950 年的中國歷史中，挑選了十五位和一類代表性的「洋顧問」（Western Advisers）進行介紹，職業上有傳教士（分別擔任天文、火器、醫生、外交顧問）、軍人、翻譯家、工程師、職業革命家等。〔註5〕史景遷在

〔註3〕駱惠敏編，劉桂梁等譯，《清末民初政情內幕──《泰晤士報》駐北京記者袁世凱政治顧問喬・厄・莫理循書信集》（上海：知識出版社，1988）（下卷），頁 101。

〔註4〕寶道著，劉鍇君譯，《對於「法律適用條例」之意見》，《中華法學雜誌》1930年第 1 卷第 3 期，頁 49。

〔註5〕書中提到的 16 位顧問是：湯若望（Johann Adam Schall von Bell，1591～1666）、南懷仁（Ferdinand Verbiest，1623～1688）、伯駕（Peter Parker，1804～1888）、華爾（Frederick Townsend Ward，1831～1862）、戈登（Charles George Gordon，1833～1885）、李泰國（Horatio Nelson Lay，1832～1898）、赫德（Robert Hart，

研究中發現，這些人的生命歷程有延續性與類似性：他們帶著幫助中國的初心另一方面也為自己牟利，目標都是希望中國能照自己設想的改變，最後作者認為他們都沒有成功。〔註6〕像是中國人接受伯駕（Peter Parker，1804～1888）的醫術，可是不一定改信他所傳的宗教；國民黨接受了鮑羅廷帶來的蘇聯經濟、器械援助，卻拒絕了蘇聯的共產主義。〔註7〕

　　史景遷研究的顧問許多也成為日後學者的研究對象。如湯若望、南懷仁，這兩位在明、清宮廷服務的傳教士，除了研究他們在欽天監的事蹟外，也討論了他們與中國地圖、氣象學的關係，及中國政局的觀察；〔註8〕伯駕作為醫療傳教士、對美國與中國外交關係的影響，以及與西方國際法引入的關係；〔註9〕丁韙良與傅蘭雅的翻譯工作與西方科學、國際法引入中國關係，還有中國翻譯學的發展；〔註10〕而掌握中國海關的赫德，已經被進行了多元

1835～1911）、丁韙良（William Alexander Parsons Martin，1827～1916）、傅蘭雅（John Fryer，1839～1928）、胡美（Edward Hicks Hume，1876～1957）、鮑羅廷（英語：Mikhail Markovich Borodin，1884～1951）、托德（Oliver. J. Todd，1880～1974，中文譯名亦稱為陶德）、白求恩（Norman Bethune，1890～1939）、陳納德（Claire Lee Chennault，1893～1958）、史迪威（Joseph Warren Stilwell，1883～1946）、魏德邁（Albert Coady Wedemeyer，1897～1989）、蘇聯科學技術顧問團。史景遷（Jonathan Spence）著，溫洽溢譯，《改變中國》（臺北：時報文化出版企業股份有限公司，2006）。

〔註6〕史景遷（Jonathan Spence）著，溫洽溢譯，《改變中國》，頁318～321。

〔註7〕史景遷（Jonathan Spence）著，溫洽溢譯，《改變中國》，頁63～64、頁203～220。

〔註8〕近年論文如：周維強，〈神威四域，武成永固——康熙朝歐式火砲新考〉，《故宮學術季刊》第30卷第1期（2012.09），頁161～194；梁若愚，〈南懷仁的《七奇圖說》——兼論清人對《七奇圖說》的排斥與接受〉，《澳門歷史研究》第5期（2006.11），頁153～159；李雪濤，〈湯若望筆下的明清之變——崇禎皇帝的末日、山海關之戰以及大順政權被逐出北京〉，《文化雜誌》第71期（2009），頁157～162；盧雪燕，〈南懷仁《坤輿全圖》與世界地圖在中國的傳播〉，《故宮文物月刊》第304期（2008.07），頁18～27。

〔註9〕近年論文如：陳才俊，〈伯駕與19世紀中葉的美國對臺灣政策〉，《澳門歷史研究》第7期（2008.12），頁106～117；譚樹林，〈美國傳教士伯駕（Peter Parker）與西方國際法首次傳入中國〉，《文化雜誌》第55期（2005），頁67～76；譚樹林，〈美國傳教士伯駕（Peter Parker）在華醫療事業及其影響〉，《文化雜誌》第62期（2007），頁57～78。

〔註10〕歷年論文如：姚崧齡，〈介紹國際法之丁韙良〉，《傳記文學》第15卷第5期（1969.11），頁4～9；孫子和，〈中國最早外事人員之培育與外交——丁韙良「同文學院」的詮釋〉，《中國文化大學政治學研究所學報》第8期（1999.12），頁53～70；王爾敏，〈總理衙門譯印《萬國公法》以吸取西方外交經驗〉，《臺

的研究，包含了國際化、郵政、跨文化衝突、外交關係和對中國內政的影響等議題。〔註11〕鮑羅廷、陳納德、史迪威、魏德邁等人因為涉及幾個歷史的重大轉捩點（如國民革命軍北伐、兩次國共合作、二次大戰時的中美關係），研究成果更是難以計數；而大陸方面，對「蘇聯顧問團」的研究，有可觀的成果。〔註12〕由此可以看出《改變中國》在研究議題上的前瞻性。

在1930年代負責協助國民黨軍事改革，德國軍事顧問團也是受矚目的研究對象之一。例如美國學者柯偉林（William C. Kirby）所著的 "*Germany and Republican China*"（簡體中文本譯名為《德國與中華民國》），〔註13〕臺灣的學者傅寶真也長期關注於這個議題，自1987年以來計有二十餘篇研究成果。〔註14〕大陸學者則在「蘇聯軍事顧問」的研究有較多的成果；除了鮑羅廷外，還有北伐時期的加侖將軍（原名為 Vasily Blyukher，1889～1938）、1930年代擔任中國共產黨軍事顧問的李德（原名為 Otto Braun，1900～1974）、二次大戰期間、中華人民共和國建國初期、韓戰時期服務的蘇聯軍事顧問等。〔註15〕

灣師大歷史學報》第37期（2007.06），頁119～141；劉廣定，〈傅蘭雅（Fryer, J. 1839～1928）——十九世紀科學傳入中國的功臣〉，《科學月刊》第12卷第12期（1980.10），頁64～68；劉學照、孫邦華，〈傅蘭雅〔John Fryer〕在西學傳播中的貢獻〉，《香港中文大學中國文化研究所學報》第21期（1990），頁39～80；孫邦華，〈論傅蘭雅[John Fryer]在江南製造局譯書及其影響〉，《中國文化研究所學報》第2期（1993），頁39～80。

〔註11〕 近年論文如：許峰源，〈中國國際化的歷程——以清末民初參與萬國郵政聯盟為例〉，《中興史學》第11期（2005.06），頁1～22；楊青隆，〈海關總稅務司赫德之跨文化衝突與管理意涵——由赫德1864年第8號通札解析〉，《吳鳳學報》第11期（2003.05），頁53～60；趙繼祖，〈中國海關檔案流落異邦——外國人掌理我國海關奇史：赫德(Robert Har)・費正清(John King Fairbank)・李度(Lester Knox)〉，《中外雜誌》第72卷第4期（2002.10），頁113～118、100～102。

〔註12〕 近年論文如：宋超、惠富平，〈建國初期中蘇農業科學技術合作初探〉，《中國農史》，2006年第4期；楊慧、衣寶中，〈建國初期蘇聯對我國東北地區農業技術援助的研究〉，《農業考古》2010年第4期；趙陽輝、朱亞宗，〈蘇聯專家與中國軍校的創辦——對軍事工程學院檔案的考析〉，《冷戰國際史研究》2010年第2期，頁27～48。

〔註13〕 柯偉林（William C. Kirby）著，陳謙平、陳紅民、武菁、申曉雲譯，《德國與中華民國》（南京：江蘇人民出版社，2006），頁118～170。

〔註14〕 論文分別刊登在《傳記文學》、《近代中國》、《逢甲學報》、《興大歷史學報》等期刊，未免佔據過多篇幅，各篇還請詳見徵引文獻。

〔註15〕 相關研究如：薛銜天，〈功過鮑羅廷〉，《俄羅斯學刊》2012年第5期，頁50～57；葉介甫，〈孫中山首席蘇聯顧問鮑羅廷的政見沉浮〉，《文史春秋》2012年第2期，頁12～19；曾成貴，〈鮑羅廷：黃埔軍校倡建者、頂層設計者及革

　　胡光麃的《影響中國現代化的一百洋客》中，收集了一百位作者認為對中國現代化有貢獻的外國人，進行了生平及事蹟的評論；其中也包含了許多的外籍顧問；部份甚至今日還未有學者進行研究。〔註16〕但因寫作的資料來源不明，所以筆者認為該書的學術性薄弱。不過若是要開發「外籍顧問」，或是「影響中國的外國人」相關議題，仍可從該書所提到的人物著手。

　　還有許多的研究使用了前人未使用的史料、未關注的議題、以往較不重視的顧問。如日本軍事與政治顧問和中國的關係〔註17〕；抗戰時期法國的軍事顧問團〔註18〕；對古德諾（Frank Johnson Goodnow，1859～1939）、莫理循（George Ernest Morrison，1862～1920）、有賀長雄（1860～1921）、〔註19〕德

命化推進者〉，《湖北行政學院學報》2014 年第 5 期，頁 0～13；李如松，〈大革命中的異國統帥──北伐的實際指揮者加侖將軍〉，《黨史縱橫》1998 年第 5 期，頁 32～37；錢守雲，〈加侖對革命的貢獻〉，《黨史文匯》2002 年第 2 期，頁 41；王澤東、鄧斌豪，〈1925 年加侖力主北伐的原因探析〉，《樂山師范學院學報》2003 年第 8 期，頁 69～72；謝一彪，〈論中央蘇區時期的李德〉，《贛南師范學院學報》1999 年第 2 期，頁 78～81；葉文益，〈「洋顧問」李德其人其事〉，《源流》2001 年第 11 期，頁 32～34；曹春榮，〈軍事顧問李德是怎樣來中國的〉，《天津政協》2012 年第 6 期，頁 38；劉志青，〈抗日戰爭期間蘇聯在華軍事顧問及其作用〉，《軍事歷史》1991 年第 4 期，頁 34～38；作者不詳，〈抗戰時期蘇聯顧問團活動一瞥崔可夫的在華使命〉，《軍事歷史》2005 年第 2 期，頁 48～51；周黎揚，〈抗日戰爭期間蘇聯軍事顧問團在中國〉，《百年潮》2005 年第 8 期，頁 26～34；。

〔註16〕作者將 100 人分類為「新政啓蒙的先驅」、「現代軍事先鋒」、「西化教育的先進」、「財經工商的前茅」、「財法政經的顧問」、「政經軍教的益友」、「對華政策的始者」、「關係抗戰的將帥」、「華風西漸的哲人」、「其他各色的人物」、「在渝的美籍政經人物」、「在臺的美籍政經人物」、「關係中國的美國總統」。胡光麃，《影響中國現代化的一百洋客》（臺北：聯經出版事業公司），目錄頁 1～10。

〔註17〕例如：劉耀，〈日本顧問與南京臨時政府的法制建設──以寺尾亨、副島義一的學術背景為中心〉，《暨南學報》（哲學社會科學版）2012 年第 8 期，頁 150～154；董銳平、胡玉海，〈近代日本軍事顧問來華原因及影響〉，《遼寧大學學報》（哲學社會科學版）第 30 卷第 5 期（2006.09），頁 6～10；董銳平，〈晚清時期日本顧問來華原因淺析〉，《理論界》2003 年第 6 期，頁 71～73。

〔註18〕陳晉文，〈法國軍事顧問團來華與抗戰前期中法關系〉，《民國檔案》1998 年第 2 期，頁 77～82。

〔註19〕近年研究如：楊彥哲，〈重讀古德諾〉，《人文中國學報》第 17 期（2011.09），頁 625～675；葉承遠，〈論美國與洪憲帝制〉，《史學研究》第 16 期（2002.07），頁 59～83；郭存孝，〈莫理循博士及其手創的亞洲書庫〉，《近代中國》第 138 期（2000.08），頁 196～207；召勇，〈莫理循眼中的清末新政〉，《大慶師範學院學報》第 26 卷第 6 期（2006.12）；張學繼，〈有賀長雄與中國憲政〉，《歷史月刊》第 83 期（1994.12），頁 106～110；張啓榮，

璀琳（Gustav Adolf Ferdinand Detring，1842～1919）、漢納根（Constantin Alexander Stephan von Hanneken，1854～1925）等人的研究。〔註20〕

　　整體而言，雖然過去沒有以寶道爲主題的研究，但其研究方法和論述方式都可供本文參考。而以下是和本文關係較爲密切的幾個研究成果。

　　唐啓華所著《被「廢除不平等條約」遮蔽的北洋修約史（1912～1928）》、《巴黎和會與中國外交》、《北京政府與國際聯盟》等著作中研究了許多寶道參與的外交議題，且多次提及寶道顧問的作用，因此是本文在敘述及分析同議題時必須參考的對象。〔註21〕吳翎君，〈1923年北京政府廢除《中日民四條約》之法理訴求〉，以探討北洋政府欲廢除《中日民四條約》時所提出的國際法、國內法主張爲分析主軸。因爲寶道對該議題頗有建言，所以該文已經對寶道在山東問題的建議書，以及本文史料《條約拘束力》一文有所分析。〔註22〕

　　至於西歐語文及日文研究的部份，目前尚無法一一掌握，這是本文在文獻回顧上，確有不足之處。

三、研究架構與方法

　　寶道受聘來華之時爲1914年，是民國建立之初聘任的許多外籍顧問之一，反映了中國以新興國家之姿進入國際社會的企圖，而外籍顧問的意見成爲中國政府對外交涉的重要參考。袁世凱過世之後，儘管隨之而來的軍閥派系政爭不斷，但北洋政府仍以高額的薪資聘任外籍顧問，展現通過外籍顧問試圖理解歐美國家的想法，或採擇外籍專家顧問的意見書做爲改革內政與外交決策之參考依據。〔註23〕寶道擔任北洋政府顧問期間歷經二十一條交涉、

　　　　《有賀長雄、古德諾與民國初年的憲政體制問題》，《二十一世紀》第42期（1997.08），頁47～58。

〔註20〕張暢、劉悅合著的論文多載於《傳記文學》，各篇詳見徵引文獻，並於2012年整合成爲一本專書：《李鴻章的洋顧問：德璀琳與漢納根》（新北：傳記文學出版社股份有限公司，2012）。

〔註21〕唐啓華，《被「廢除不平等條約」遮蔽的北洋修約史（1912～1928）》；唐啓華，《巴黎和會與中國外交》（北京：社會科學文獻出版社，2014）；唐啓華，《北京政府與國際聯盟（1919～1928）》（臺北：東大圖書股份有限公司，1996）。

〔註22〕吳翎君，〈1923年北京政府廢除《中日民四條約》之法理訴求〉，《新史學》第19卷第3期（2008.09），頁157～186。

〔註23〕例如美國卸任公使芮恩施被延聘爲北京政府顧問，而北洋政府有時因財政困窘而無法支付龐大的外籍顧問費用。詳見吳翎君，《美國大企業與近代中國的國際化》（臺北：聯經出版事業公司，2012），頁215。

一次大戰爆發、巴黎和會和華盛頓會議，而且這些重大國際事務決策過程寶道均有所建言。本文除前言和結論之外，將以三章做為主體論述，探討大戰時期、巴黎和會到華盛頓會議、華盛頓會議後，寶道以外籍顧問身分所扮演的角色及意義。

架構上本文分以寶道參與各議題的時間劃分為為「緒論」、「寶道來華與大戰期間的主要意見」、「巴黎和會至華盛頓會議期間提出的主要意見」、「華盛頓會後提出的主要意見」、「結論」等五章。

第一章「緒論」是針對本文的研究動機與目的進行陳述、回顧與本文相關的研究成果，以及對本文架構及所用材料進行介紹。

第二章「寶道來華與大戰期間的主要意見」首先處理的是寶道來華擔任顧問的原委、來華初期至歐戰時期的工作狀況，以及寶道針對「對捕獲敵國船隻與捕獲法規」、「敵僑財產處置的意見」、「中國參加戰後和會」三個涉外議題提出的意見影響如何。

第三章「巴黎和會至華盛頓會議期間提出的主要意見」，除了敘述寶道在巴黎和會中工作的情形以外，主要討論寶道意見對「山東問題」、「新成立國家與無約國交涉」、「中德恢復和平」、「德華銀行財產處置」、「白雪利案」等五個涉外議題是否有影響，其中「白雪利案」的部分因為前人尚未對該議題進行專題研究，所以本文將較詳細的陳述該議題的脈絡。

第四章「華盛頓會後提出的主要意見」，是針對寶道在華盛頓會議後的兩個重要涉外議題「國會籌議廢棄《中日民四條約》」、「中日到期修約交涉」中的作用進行討論。

第五章「結論」是統整寶道在本文討論的涉外議題上所造的影響，除了對寶道的貢獻進行評價以外，並且會探討外籍顧問在北洋政府中的角色，最後陳述本文不足之處。

本文主要以第一手材料構成，特別是中央研究院近代史研究所館藏，北洋政府外交部的檔案。該所收藏的檔案構成了本文「寶道來華」、「捕獲敵船與法規」、「山東問題」、「新成立國家與無約國」、「中德恢復和平」、「德國財產處理」、「白雪利案」、「國會籌議廢棄二十一條」、「中日到期修約」等節事件歷程及寶道意見的大部分；此外，「中國參加參加巴黎和會」一節，則由唐啓華教授提供，中國社會科學院近代史研究所圖書館藏檔案構成。其餘部分由與本文議題相關的重要二手研究進行補充，如徐國琦著，馬建標譯，《中國

與大戰：尋求新的國家認同與國際化》與唐啓華著，《被「廢除不平等條約」
遮蔽的北洋修約史（1912～1928）》等著作。此外，因為寶道擔任財政顧問的
史料目前無法完整掌握，本文亦不會詳述其人在財政上的作用。最後，由於
目前缺乏寶道的日記、書信等個人紀錄。所以有關寶道個人的生命經驗，將
以與寶道接觸過的華人或外國人留下的自傳與個人紀錄盡可能呈現。

第二章　寶道來華與大戰期間的
　　　　　主要意見

　　寶道於 1914 年因善後大借款成為中國顧問，雖原有控管中國財政的任
務，然而在中國欲參與歐戰開始，寶道開始為中國的涉外事務出謀劃策。寶
道在歐戰期間針對捕獲敵船法理地位變化、捕獲敵船法規、敵僑財產處理、
中國參加巴黎和會的意見皆有合乎中國政府所需之處，在協助中國政府參與
重大國際事務上做出貢獻。

第一節　寶道來華與任職初期之概況

　　袁世凱政府於 1913 年有意起草憲法，並且聘請外籍顧問協助，但第一順
位的人選有賀長雄（1860～1921）以體力不佳的理由婉拒，而且袁世凱本人
也反對聘用一個來自君主國家的人。在袁世凱政治顧問莫理循的紀錄中，袁
世凱的理由是：「聘用一個來自君主國的顧問，特別是因為他與起草憲法有
關，會使那些正在揚言袁世凱本人想攫取君主權力的人更加懷疑。」所以袁世
凱認為聘用一個法國人更為明智，於是莫理循改推薦寶道，只是寶道因故也未
能答應擔任這項職務，最後該法律顧問的職務由美國人古德諾擔任。〔註 1〕不
過同一時間中國政府也在為「善後大借款」與六國銀行團交涉，就在與銀行
團法國代表的交涉過程中寶道以「審計顧問」名義被中國聘用。

〔註 1〕駱惠敏編，劉桂梁等譯，《清末民初政情內幕──《泰晤士報》駐北京記者袁
　　　世凱政治顧問喬・厄・莫理循書信集》（下卷），頁 477。

　　大借款一事源自於清朝因多次戰爭、賠款、實業建設、舉債等因素造成的財政困乏。民國政府繼承了清朝的困乏國庫，因此內閣總理唐紹儀於 1912 年 4 月開始與四國銀行團交涉「善後大借款」。銀行團對於中國政府在同年 2、3 月借得的墊款未能說明用途，認定中國政府揮霍無度，所以在「善後大借款」一事上要求中國政府必須訂出每月的預算，並且經外國顧問核准後始能開支，甚至要對遣散軍隊擬出辦法。唐紹儀認為條件苛刻無法接受，後由熊希齡接手交涉。熊希齡交涉期間銀行團最初同意僅在審計部設外籍審計一名，但銀行團於 1912 年 6 月開出的條款，不僅要監視、管理中國解款的用途，並且要求鹽稅應由外人管理，熊希齡認為過於苛刻而拒絕。最後是周學熙於 1912 年 7 月 12 日接任財政部長後接手大借款的交涉。〔註2〕

　　1912 年 12 月 27 日，中國參議院已通過若干有關貸款的條文。周學熙本不願討論聘請外籍顧問一事，但 31 日在日本公使及法國公使的堅持之下被迫回應。周學熙告訴兩位公使當時因有謠言：「財政受外人之監理，用人之權亦操之外人」，若在借款合同內加入聘用顧問專員的條目更易引起國人反對；但亦表示中國政府長久希望能夠聘用名望、學問、經驗兼具的外籍顧問，如以私函或條約附件處理，聘用顧問一事情便可討論。〔註3〕由於這次借款交涉已有所成，在法日公使假銀行團的名義施壓後，中方開始確實擬定聘用顧問的細節，並於 1913 年 1 月致函 6 國駐京公使，通告擬聘 1 丹麥人為鹽務總辦，司改革鹽政之責，1 德人為外債室稽核，1 義大利人為審計處顧問，以審核中國每月之支出。但六國銀行團因各國利益考量不接受中國辦法，同年 2 月 20 日六國代表向中國提出：「英國人出任鹽務總辦、德人副之、外債稽核為德人、審計顧問則法俄各一人的辦法」。中國政府以此議與原案不合而拒絕，雙方交涉一度停頓。〔註4〕後歷經了美國退出銀行團及宋教仁案發生，南北雙方劍拔弩張，北洋政府急需軍事經費等因，中方最後接受了銀行團的顧問聘請方案。〔註5〕其中寶道可能是透過莫理循的引

〔註 2〕 王綱領，《民初列強對華貸款之聯合控制——兩次善後大借款之研究》（臺北：私立東吳大學中國學術著作獎助委員會，1983），頁 35～45。

〔註 3〕 《北洋政府外交部》，〈革命損失賠償乃聘用財政顧問之問題〉，1913 年 1 月 11 日，中央研究院近代史研究所檔案館藏，館藏號：03-20-011-01-022。

〔註 4〕 王綱領，《民初列強對華貸款之聯合控制——兩次善後大借款之研究》，頁 45～47。

〔註 5〕 即英國人出任鹽務總辦，德人副之，外債稽核為德人，審計顧問則法俄各一人。王綱領，《民初列強對華貸款之聯合控制——兩次善後大借款之研究》（臺北，私立東吳大學中國學術著作獎助委員會，1983），頁 47。

介才使得中方提名他爲審計顧問〔註6〕；法方亦可能是對他的能力有信心，或是急於完成借款方同意中方政府聘用法學專家、且剛在暹羅完成刑法修改的寶道作爲中國的審計處顧問。法國公使康德雖日後也將寶道介紹爲「財政名家」，〔註7〕但很難相信同爲法國外交部人員的康德不知寶道的專長是法學。寶道因在暹羅的事務尚未處理完畢，所以未立即前往中國赴任，〔註8〕法國公使便推薦在「東方匯理銀行」的經理瑪蘇（Henri Mazot，生卒年不詳）暫時代理該項職務，〔註9〕直到1914年3月底寶道才到北京正式就任。〔註10〕

　　寶道於1914年正式上任以後，他可能和日籍顧問有賀長雄（1860～1921）、平井晴二郎（1856～1926）、法籍軍事顧問伯利索（Georges Brissaud-Desmaillet，1869～1948）、比利時籍顧問狄谷（De Codt, H）；美籍顧問古德諾（Frank Johnson Goodnow，1859～1939）一樣無事可做，很少受到諮詢，過著幾乎是坐領乾薪的日子，像是古德諾一天只工作了4個小時〔註11〕。寶道在9月中的一日向莫理循表示：「要不是因爲戰爭，早就回法國了。」、「覺得沒什麼事情可做，沒有什麼人爲了什麼問題向我請教。」莫理循在信中評論道：「他是治外法權和中立方面的專家，但沒人向他徵求過意見。」〔註12〕寶道無事可做的情形一直維持到1917年中國決議參與歐戰爲止。

〔註6〕 西里爾・珀爾（Cyril Pearl）著，檀東鍟，竇坤譯，《北京的莫理循》（福州：福建教育出版社，2003），頁421。

〔註7〕 《北洋政府外交部》，〈審計處顧問寶道將赴京就職事〉，1914年3月4日，中央研究院近代史研究所檔案館藏，館藏號：03-11-016-03-033。

〔註8〕 《北洋政府外交部》，〈借款已交日內將於巴黎發行債票而顧問之位置亦不宜久懸事〉，1913年5月14日，中央研究院近代史研究所檔案館藏，館藏號：03-11-016-01-034。

〔註9〕 《北洋政府外交部》，〈法使荐瑪蘇君代理寶道君審計處顧問職務〉，1913年5月27日，中央研究院近代史研究所檔案館藏，館藏號：03-20-012-02-006。

〔註10〕 〈審計處顧問寶道將赴京就職事〉，1914年3月4日，03-11-016-03-033。

〔註11〕 西里爾・珀爾（Cyril Pearl）著，檀東鍟，竇坤譯，《北京的莫理循》，頁421。

〔註12〕 莫理循的信在1915年7月12日寄給梁士詒，信中稱寶道已經工作了近兩年，但依材料顯示，寶道的合同雖在1913年5月25日簽訂，但他本人應是1914年3月以後才上任，其間是由瑪蘇（Henri Mazot）兼任；筆者懷疑莫理循記錯了寶道來華的時間。《北洋政府外交部》，〈現聘法人寶道充審計處顧問請將華洋文合同草底各抄交一份備查〉1913年5月24日，中央研究院近代史研究所檔案館藏，館藏號：03-20-012-02-005；〈審計處顧問寶道將赴京就職事〉，1914年3月4日，03-11-016-03-033；駱惠敏編，劉桂梁等譯，《清末民初政情內幕——《泰晤士報》駐北京記者袁世凱政治顧問喬・厄・莫理循書信集》，下卷，頁471。

第二節　對捕獲敵國船隻與捕獲法規的意見

　　清末民初是中國國際地位最低落的時期，但中國亦決心告別傳統，努力國際化及與國際接軌，因此決定參與兩次「海牙保和會」，試圖融入西方世界秩序，引用國際法維護國權。而 1907 年的第二次「海牙保和會」中通過了諸多與海戰相關的條約，如 6.〈戰爭開始時敵國商船之地位條約〉、7.〈商船改充戰艦條約〉、8.〈敷設機械自動水雷條約〉、9.〈戰時海軍轟擊條約〉、10.〈修正日弗來紅十字約推行海戰條約〉、11.〈海戰中限制行使捕獲條約〉、12.〈設計國際捕獲審檢所條約〉、13.〈海戰時中立國及其人民權利義務條約〉等約。會後清庭只批准其中的 9、10、13 條，其餘未批准的各條在 1916 年經「第三次保和會籌備會」研究後，除了第 12 條因為英、俄、日等大國並未批准，決議暫緩簽押外，均決議簽押。〔註13〕然而，當 1918 年決議對德宣戰後，北洋政府認為在海戰事務上仍有海牙各條約未能處理之處，因此廣邀在華的外籍顧問一同研究，寶道也由此開始接觸中國各種涉外事務。

一、對捕獲敵國船隻法理地位變化的意見

　　1917 年 3 月中國決定參與歐戰，與德國絕交後便扣押滯留在華的德國船艦，〔註14〕後將其轉租給協約國與上海大達公司，〔註15〕國務院在 3 月召開的「捕獲問題會議」中討論到船隻扣押以後，若中國與德國正式宣戰，被捕獲的船隻該如何處置，及其法律定位是否有所改變等問題。中國官員對此事不熟稔，於是詢問外籍顧問莫理循、寶道、狄谷、韋羅貝（Westel W. Willoughby，1867～1945）、有賀長雄等人。〔註16〕但因當時能夠參考的資料不足，或者是不知道會被詢問該問題。所以顧問們僅能以記憶所及的義大利範例告知中方（依照寶道的紀錄，難以判斷是哪一位顧問提出的意見）：

〔註13〕　唐啓華，〈清末民初中國對「海牙保和會之參與」（1899～1917）〉，《國立政治大學歷史學報》第 23 期（2005），頁 47、63、75～81。

〔註14〕　《北洋政府外交部》，〈敵船事〉，1917 年 10 月 24 日，中央研究院近代史研究所檔案館藏，館藏號：03-36-036-01-001。

〔註15〕　當時共押收了德奧商船 13 艘，海軍留用 1 艘、協約國租用 9 艘、上海大達公司租用 3 艘。孫曜，《中華民國史料》（臺北：文海出版社，1966），頁 403。

〔註16〕　〈敵船事〉，1917 年 10 月 24 日，03-36-036-01-001。

義大利的捕獲範圍，僅限於德艦之可以改爲武裝者而已，命意似將
戰爭初期逃在先爲中立國，後爲交戰國洋面之船艦視爲應受海牙第
6 公約第 2 條之保護。〔註 17〕

海牙第 6 公約第 2 條旨在保護因不可抗力，以及在地主國的限制下無法離開
前港口的商船。〔註 18〕所以告訴中國政府僅能將逃到中國港口的敵船徵用，
到終戰時再議定賠償。〔註 19〕但身爲法學家的寶道覺得上述的意見不夠完
善，所以會後在蒐集了一些「有趣味的」資料進行研究，因而發覺義大利的
處理方式受到義大利與德國在 1915 年 12 月 10 日（宣戰前數日）訂立的特別
條約影響，其實捕獲敵船的方式不適合中國使用。所以寶道重新擬了一份意
見書，於 10 月 24 日經由外交部告知交通部、海軍部及司法部。〔註 20〕

　　寶道在意見書中點明捕獲敵船最重要的是「判決」，他認爲「只有業主
國政府，與所留國政府開戰時，爲經商行爲及正當營業的船艦，才能受海
牙第 6 公約保護」，加上以他所知中國目前扣留的船隻都是爲了逃避捕獲而
前往中國港口，所以可以捕獲。不過寶道也指出，目前「文明國」普遍的
辦法是：被扣留船隻，必須要等候被「捕獲」，也就是「宣告罪狀」後才算
是合法捕獲。船隻的主人如果有抗辯的材料仍可以向捕獲裁判所提出。所
以敵國船艦即使事實上被拘留，如果沒有正式判決，那麼船艦仍屬於原國
籍不變。也就是中國當時所拘留船艦即使已經出租他人，船艦仍屬原國籍
（原主）。〔註 21〕

〔註 17〕〈敵船事〉，1917 年 10 月 24 日，03-36-036-01-001。
〔註 18〕依據第二次海牙國際和平會議決議，第 6 號公約「關於開戰時敵國商船地位
　　　　盟約」所載，第 1 條爲：遇有商船籍隸交戰國之一者。開戰之時停泊敵國港
　　　　內，此項船隻應准自由出口。即刻開行，或予限幾日，並發給執照，准其逕
　　　　行行開往原定港口，或臨時指定港口。如有船隻在未開戰之前，業經開出最
　　　　後之港，未及知覺戰事之時，已入敵港口，此項船隻益應援照前節之例辦理。
　　　　第 2 條，若商船因天然阻力，不能按照前條所載期限開出敵國港口，抑或敵
　　　　國不准出口，此項船隻不准充公。前節之船隻，交戰團只得拘留，勿庸給償。
　　　　惟須於戰爭之後，歸還原主；抑或調出差遣，照付賠償。司克脫氏編，蓬萊
　　　　錢寶源（Archibald P. Ch'ien）譯，《兩次海牙國際和平會盟約全書》（上海：
　　　　簡務印書館，1919），頁 159～160。
〔註 19〕因此予輩所初意見係爲：「中國如與中歐列強宣戰，中國政府僅能將逃在中國
　　　　海口之敵船徵用，至交戰終止之日，議給償款。」〈敵船事〉，1917 年 10 月
　　　　24 日，03-36-036-01-001。
〔註 20〕〈敵船事〉，1917 年 10 月 24 日，03-36-036-01-001。
〔註 21〕〈敵船事〉，1917 年 10 月 24 日，03-36-036-01-001。

　　寶道亦指出將所扣船隻出租可能造成的結果。首先，各船租給他人，即使承租人是協約國的國民，在公海時或是協約國港口時也可以被其他協約國船艦捕獲。該國就算把該船沒收中國也不能抗議，因爲即使抗議，對方可能以：「中國如果想取得該船權，盡可透過中國捕獲裁判所判決。」應答。即使協約國海軍不干涉，船艦法理上仍有下列地位：這些船隻不算受到捕獲，而且也沒正式徵用，因爲正式徵用應該告知原主或他的代表；而且需要按照一種特別手續，擬定戰後應該給原主多少補償金。如果沒有正式徵用，則中國政府對德奧船隻的原主還負有以下責任：（一）該船如果遇到海難，或是因戰爭沉沒時，中國政府必須爲船隻損失負責，就算是被德國潛水艇擊沉。（二）戰爭結束後船必須歸還原主。（三）因爲使用了船，中國必須給予原主使用金，而費用必然是以中國政府及出租人所得的利息爲準。〔註22〕

　　寶道稱如果正式捕獲並且判決完畢，則中國政府不用出錢，也不受風險即成爲該船的主人，且戰後也不必給予補償金。因此寶道認爲中國政府目前處理方式不變，未來勢必要損失 20 兆，甚至 30 兆的資本（原文如此），而且唯一錯誤是沒有將正式的手續辦妥而已。〔註23〕

　　寶道具體點出了目前的處置方式對中國未來權利可能造成的危害，以及告知了中方適當的解決辦法。所以他新的意見書送達不久，海軍部的負責單位便表示要積極處理，並請外交部儘速公佈兩個月前已經由「戰時國際事務委員會」擬定，已送交國務會議的「海上捕獲」及「海上審檢廳」兩條例，以便儘快組織「海上捕獲審檢廳」，以進行寶道所提到的「捕獲裁判」。〔註24〕中國政府在 10 月 30 日公佈了〈捕獲審檢廳條例〉36 條及〈海上捕獲條例〉49 條，並且在 11 月 12 日公告將在上海設置「地方捕獲審檢廳」。〔註25〕這是寶道對中國涉外事務做出的第一個具體貢獻。

二、對捕獲法規的意見

　　當中國政府公佈兩條例之後，寶道也檢視了條文的內容。在 1917 年 11

〔註22〕〈敵船事〉，1917 年 10 月 24 日，03-36-036-01-001。
〔註23〕〈敵船事〉，1917 年 10 月 24 日，03-36-036-01-001。
〔註24〕《北洋政府外交部》，〈收管敵船辦法昨又函致國防委員會請其速將此項條例公布由〉，1917 年 10 月 27 日，中央研究院近代史研究所檔案館藏，館藏號：03-36-036-01-002。
〔註25〕〈法令〉，載《東方雜誌》，1917 年第 14 卷第 12 期，頁 191～198。

月給外交部次長陳籙的信函中，指出了兩個建議修改之處：（一）〈捕獲審檢廳條例〉中第 1 條，「凡海上捕獲事件，以捕獲審檢廳檢定之。」中「海上」含意太廣，應明確區分「公海」或「領海」，注重港口內捕獲的船隻，和擴大「捕獲審檢廳」的權限。（二）第 2 章〈檢查程序〉的 12 條，「凡執行捕獲之軍艦艦長，應將被捕獲之船隻，引至地方捕獲審檢廳所，在口岸並令海軍軍官一員，搭乘該船同赴該港，將供訴書送達地方捕獲審檢廳；但因事實上不能將捕獲船舶送引時，得僅提出供訴書。前述供訴書，應詳細記載捕獲理由，及證明其行為正當之事實，並附送在捕擎船上所收押之一切船舶文件。」，寶道認為該條例以「軍艦艦長的供訴書」為起點，恐怕和中國已經進行的捕獲方式不合，應該有所修正以免將來敵人有所藉口或生枝節。外交部詳加審核寶道的意見後，認為「不為無見」，並在 11 月 11 日將寶道的意見分發給海軍部及司法部。〔註 26〕

司法部的人員檢視後，認為「以軍艦艦長的供訴書為起點，恐怕和中國自訂的條例不合」這一意見，因為中方是以海軍軍官執行捕獲，應該和條例是不違背的。至於內河及長江的船舶，司法部認為以普通公法執行捕獲外，應該另訂條例來規範。〔註 27〕另一方面，海軍部收到寶道的意見後，認為中文的「海上」，已經是包含了「領海」及「公海」，不是專指「公海」部份；但因為這次捕獲在上海港口及海上的部份稍有不同，可以在條文中稍加字樣使其更加明確；至於執行捕獲的部份，海軍部認為「只有軍艦艦長能執行捕獲，也只有艦長能提出供述書」似乎沒有修正的必要。〔註 28〕

雖然司法部及海軍部認為沒有大舉修正的必要，但外交部應是認同寶道的意見，還有條文的字句不夠清晰、甚至和事實衝突，所以對已經公佈的條文再詳加研究，最後製成了一份意見書與司法、海軍二部磋商及修訂。〔註 29〕

〔註 26〕《北洋政府外交部》，〈鈔送寶道顧問對於吾國所談捕獲條例意見由〉，1917年 11 月 11 日，中央研究院近代史研究所檔案館藏，館藏號：03-36-036-01-003；《北洋政府外交部》，〈捕獲審檢條例事〉，1918 年 11 月 15 日，中央研究院近代史研究所檔案館藏，館藏號：03-36-036-01-004；《北洋政府外交部》。

〔註 27〕〈捕獲審檢條例事〉，1918 年 11 月 15 日，03-36-036-01-004。

〔註 28〕《北洋政府外交部》，〈法顧問寶道意見書已加討論由〉，1917 年 11 月 17 日，中央研究院近代史研究所檔案館藏，館藏號：03-36-036-01-005。

〔註 29〕《北洋政府外交部》，〈捕獲檢查廳事〉，1917 年 12 月 12 日，中央研究院近代史研究所檔案館藏，館藏號：03-36-036-01-007。

而在地方捕獲審檢廳的建議之下，外交部於 1918 年 1 月 12 日將英文的條文發布在《上海字林西報》、《上海大陸報》、《漢口英文楚報》、《北京英文日報》、《北京導報》、《香港南華早報》等 6 類發行較廣的報紙，〔註 30〕防止與船隻利益關係密切的外人，以「不知者無罪」的理由抗拒捕獲。〔註 31〕

在捕獲條例日益完備的同時，荷蘭使館自 1918 年 1 月 8 日開始對中國收管德奧商船的方式提出疑問，〔註 32〕當中國以「捕獲審檢廳」已經設置，表示經過該廳審理後才能決定時，荷蘭使館表示「極為贊同」。〔註 33〕中方在回復荷蘭使館的疑問後，外交部的顧問認為應盡速處理目前中國所捕獲的船隻，以免國際法中的「時事變遷」原則造成額外的糾葛。〔註 34〕但問題仍然發生：被委託照顧德國在華利益的荷蘭公使貝拉斯（Frans Beelaerts van Blokland，1872～1956）〔註 35〕於 1 月 21 日親會晤外交總長陸徵祥（1871～1949），提出「捕獲審檢」這件事非常奇怪，認為海牙公約所載船隻處理方式，只有「扣留，戰後發還」，及「徵用，並給予償金」的兩種方式，中國政府可循上述兩種方式辦理，何必交與審檢？而且，所謂捕獲「乃在公海上捕獲，並非在港內停泊之商船，即貴國捕獲條規第一條款亦是如此。」陸徵祥以：「此項船隻曾有各種行為，故不能復在海牙公約範圍之內，事前本國政府甚為注意。根據海軍部之報告與各法律專家討論，均云應在捕獲審檢範圍之內。」及「商船舉動未合，未能享受公約利益。」來回應貝拉斯的問題，堅持要透過中國「捕獲審檢廳」的方式處理。荷蘭公使最後表示別無辦法，最好「捕

〔註 30〕 《北洋政府外交部》，〈揭載英文報事〉，1918 年 1 月 12 日，中央研究院近代史研究所檔案館藏，館藏號：03-36-036-02-013。

〔註 31〕 《北洋政府外交部》，〈請示應登何種英文報由〉，1917 年 12 月 26 日，中央研究院近代史研究所檔案館藏，館藏號：03-36-036-01-011。

〔註 32〕 「……此項收管舉動，是否以暫時借用起見，並賠償商船？主一節中國政府擬由如何辦法？此二問題，均與執行海牙 1907 年結定，宣戰時期處置敵國商船條約大有關，迄今未有得貴總長答覆。應請貴總長加意辦理，即希賜覆，以轉達該兩國政府向所質問……」《北洋政府外交部》，〈收管德奧商船〉，1918 年 2 月 26 日，中央研究院近代史研究所檔案館藏，館藏號：03-36-036-02-004。

〔註 33〕 依據本事件諮詢對象，以及寶道的法律專長判斷，該顧問可能是寶道。《北洋政府外交部》，〈處置敵船事所擬致和使照會極表贊同由〉，1918 年 1 月 12 日，中央研究院近代史研究所檔案館藏，館藏號：03-36-036-02-009。

〔註 34〕 《北洋政府外交部》，〈敵船事〉，1918 年 1 月 12 日，中央研究院近代史研究所檔案館藏，館藏號：03-36-036-02-012。

〔註 35〕 徐國琦著，馬建標譯，《中國與大戰：尋求新的國家認同與國際化》，頁 181。

獲審檢廳」判決是「不合管轄案」來結案，否則日後將增加一個爭論案件。
〔註36〕貝拉斯於 2 月 26 日再度以類似的理由向中方抗議，〔註37〕條例的全
文傳至德國後，德方也曾以「與 1907 年倫敦海戰法」不合的理由向中方抗議；
不過協約國則對中方的處理方式表示讚許。〔註38〕外交部面對荷德兩方抗
議，最後都以商船將來究竟如何處理是「純粹法律問題」、「諒該廳必能依法
判決」來回應。〔註39〕

　　寶道對國際法研究後，提議設置的「捕獲審檢廳」制度以及其各項條例
應是有一定的合理性，否則條例公佈後不該只有身負「保護德國利益」責任
的荷蘭，和與自身利益相關的德國提出強烈的抗議，而是任何有法律素養的
華人和外人都會有所反應。而且寶道對〈捕獲審檢廳條例〉條例中第 1 條，「凡
海上捕獲事件，以捕獲審檢廳檢定之。」提出了修改建議，但中方卻以「海
上」兩字的定義即包含了「公海」、「領海」來詮釋，差一點就成為荷蘭抗議
中國處置方式的理由。這件事展示了寶道對於法律的敏銳度，也初步展現了
寶道顧問在中國涉外能發揮的作用。

第三節　對敵僑財產處置的意見

　　1917 年 3 中德絕交後，中國政府陸續制訂了《保護德國僑民出境辦法》、
《德國商民教士等保護辦法》、《臨時檢查辦法》、《德國國有私有財產有關軍
用者處理辦法》、《德國在中國財產處理辦法》等法律條文來規範在華德人、
權利、公私財產等。或看收或封存，必要時可移置或變賣。同年 8 月宣戰後，
因應情勢了修改若干條文，並新訂了《處置敵國人民條例》，規定「移居或
出境者之財產不能攜行時，由該地方官廳查明封存，或設法保管。其自願委
託他人看管者，需得該地方官廳之許可。」查封或保管之敵產，必要時可清

〔註36〕《北洋政府外交部》，〈德國商船捕獲事〉，1918 年 1 月 21 日，中央研究院近
　　　　代史研究所檔案館藏，館藏號：03-36-036-02-016。
〔註37〕《北洋政府外交部》，〈收管德奧商船事〉，1918 年 2 月 26 日，中央研究院近
　　　　代史研究所檔案館藏，館藏號：03-36-036-02-028。
〔註38〕文中未清晰表明，是純粹就「沒收」德船一事，還是包含了透過「捕獲審檢
　　　　廳」判決，再判決捕獲的方式。《北洋政府外交部》，〈捕獲敵船事〉，1918 年
　　　　9 月 26 日，中央研究院近代史研究所檔案館藏，館藏號：03-36-036-02-044。
〔註39〕《北洋政府外交部》，〈收管德奧船事〉，1918 年 3 月 4 日，中央研究院近代史
　　　　研究所檔案館藏，館藏號：03-36-036-02-030。

理變賣，並將變價金額造冊註明。〔註40〕但意圖徹底清除德國在華勢力的協約國，不滿中國處置德國僑民和其財產的辦法，認爲中國必須沒收所有德產、驅逐所有德僑。〔註41〕1918 年 1 月起協約國代表朱爾典開始向中國施壓，聲稱德僑在中國「有一種舉動不獨對於協約各國有損害，對於中國亦復損害」，而且「西伯利亞正在動亂，在俄德國戰俘很容易逃出，並在中國邊境生事」，暗示兩者可能合流爲亂，而且目前協約國亦無船隻可遣送德僑回國；即便有船隻也有遭遇潛水艇襲擊的危險，所以除了將德僑遣送至澳大利亞外別無辦法，船費及收容的費用協約國可以承擔，但他要求中國政府儘速照辦。〔註42〕中國政府在 1 月 31 日答應協約國的要求，〔註43〕但中國政府認爲驅逐敵僑後產生的保管敵財產問題頗棘手。外交部次長高而謙（1863～1918）於 2 月 2 日與英使館參贊巴爾敦（Sidney Barton，1876～1946）討論驅逐德僑時，表示收管敵僑財產是「爲難」、「即須研究且非詳細研究不可」、「機關不若外國完備，且初次辦理此事均係生手，尤須謹愼從事。」巴爾敦同意高次長的說法，並說自己會和法國使館參贊一同調查本國的保管方法。〔註44〕

一、寶道、狄谷、巴爾敦對敵僑財產處理意見

外交部長陸徵祥於 1 月底向寶道求助，並表示時間緊迫、必須儘快告知法國保管敵僑財產的方法，所以寶道只夠完成〈法國保管敵僑財產辦法節要書〉（後略稱〈節要書〉），於同年 2 月 2 日交給陸徵祥。〈節要書〉內稱法國的辦法是由司法、行政等機關的法令組成，「非有連篇纍冊之文字不能遵其詳盡」，日後又因「戰事延長則居留在國內敵僑」、「禁止與敵通商」等原則施行

〔註40〕唐啓華，《被「廢除不平等條約」遮蔽的北洋修約史（1912～1928）》，頁 111～112；前北京政府外交部編，《外交文牘（民國元年至十年）》，沈雲龍主編，《近代中國史料叢刊》第八十七輯，（新北：文海出版社有限公司，1973），頁 45～78。
〔註41〕徐國琦著，馬建標譯，《中國與大戰：尋求新的國家認同與國際化》，頁 202～203。
〔註42〕《北洋政府外交部》，〈敵人出境事〉，1918 年 1 月 9 日，中央研究院近代史研究所檔案館藏，館藏號：03-36-061-02-002。
〔註43〕徐國琦著，馬建標譯，《中國與大戰：尋求新的國家認同與國際化》，頁 204。
〔註44〕《北洋政府外交部》，〈敵人出境事〉，1918 年 2 月 2 日，中央研究院近代史研究所檔案館藏，館藏號：03-36-061-02-015。

後發生問題，根據實際狀況修訂後才完善。因此寶道的〈節要書〉可分成兩大部分：法國保管法變遷的過程與敵產「保管官吏」的職權。〔註45〕

前者敘述法國於 1914 年 8 月 2 日和 9 月 27 日發佈命令驅逐東北部、東南各省、巴黎、利昂一帶之敵僑，及禁止國內人民與敵國人民或在敵國者締結新契約，或履行舊契約的行為。然而此命令導致無數敵僑業主來不及保存商店，因其商店在不允許居住的地區，又不能請協約國或中立國人民代為保存，最後只能拋棄。但這些商店的債權人和貨物供給人中有協約國人民，所以嚴重影響法國商界利益。法國各審判廳在債權者的情求下修正命令，以法國平時法律中「遇有正當業主不能保管時，特為保存、勿使放棄、遺失也，保管辦法其始專為保存設備」的相關法令來保管敵國商品、貨物、商店。1916年 1 月 21 日及同年 2 月 28 日之法令，更允許法國人民報告後便可代理保管敵人的財產。〔註46〕

再者，寶道寫下的「保管官吏」職權與限制有 10 條，但重點可整理如下：（一）、保管官吏由初級審判廳長以債權者或檢查廳之請求任命。（二）、專職為保管敵僑財產，因此需將歸其收管的財產詳為登記，有必要時經廳長的許可才能出售；但其財產若易損壞或保存費用不久會超過其原有價值者；帳目中現款不足給付工資者；商品為國防工業、軍隊所需物資者，可以將商品出售。（三）、所保管事業不能繼續經營，除非為了履行法國債權者，或工人與地方經濟的關係，可以酌量繼續營業。（四）、其行為由初級審判廳長及檢察官監督，財政由掌管公產及登記各機關監督，官吏只能代存每日應用各費，盈餘需由國庫保管，並且不得與業主有所接洽、傳遞款項，否則將拘禁 5 年及罰款。〔註47〕

寶道的〈節要書〉雖即時的完成，但不符合外交部的期待。陸徵祥 2 月 4日與朱爾典會面時僅以：「不甚詳細。」來形容，朱爾典卻饒有興致的和陸徵祥索取了一份。〔註48〕

〔註45〕《北洋政府外交部》，〈關於法國保管敵僑財產辦法節要書〉，1918 年 2 月 2日，中央研究院近代史研究所檔案館藏，館藏號：03-36-061-02-020。
〔註46〕〈關於法國保管敵僑財產辦法節要書〉，1918 年 2 月 2 日，03-36-061-02-020。
〔註47〕〈關於法國保管敵僑財產辦法節要書〉，1918 年 2 月 2 日，03-36-061-02-020。
〔註48〕《北洋政府外交部》，〈敵人出境事〉，1918 年 2 月 4 日，中央研究院近代史研究所檔案館藏，館藏號：03-36-061-02-016。

　　除了寶道的〈節要書〉以外，同時也有其他敵僑財產保管的意見。比利時籍顧問狄谷在得知中國將會驅逐德僑的消息後，於 2 月 9 日送了一份說帖給外交部，其中亦談到了敵僑財產處理的想法。首先，敵僑離境後財產需要受到保護而非「清算」（清理），以利將來協約國將其作爲抵押品。而具體的管理方式，可由政府認可的「代理人」管理（敵僑委託的亦可），或直接由政府派遣「收管員」兩種方式，〔註 49〕上述代理人或收管員的權限則與寶道所說的類似，應是當時國際的共識。狄谷說帖雖未引起特別的討論，但於 2 月13 日與寶道的〈節要書〉一同送往內務部「查閱以備參考」，〔註 50〕可見其亦有中方所需之處。

　　英使館參贊巴爾敦於 2 月 14 日前往外交部討論驅逐敵僑事宜，並攜帶香港放逐敵僑辦法的摘要。其中與財產處理相關的部份包括個人可攜帶行李的重量，政府所派的敵產處理員爲「財產清理人」，負責在敵僑被收容前接管產業與財產，並且對收管的財產不做清冊，僅有財務出入需做清帳，財產中除了家具以外不得販售，販售及營業所得中 25％歸財產清理人所有，清理人在營業契約與產業上有等同業主的權利。敵僑也可自行出錢將財產存於貨棧。〔註 51〕此外，巴爾敦同日也與一外交部官員討論中國應當執行的辦法，提出了「財產應交與華官保管」，並訂立統一章程管理；財產分爲「個人」與「商品」兩類，「個人」物品器具和「商品」類中易於毀爛者應立即拍賣，除非敵僑付出保管費用（可存於上海招商局貨棧）；若敵僑在一週內的考慮時間外出且逾期不歸者，其財產充公；限制隨身行李爲 240 磅，也不准攜帶金錢離境等意見。接洽的官員認爲這些意見「頗有足資採擇之處」，與其他意見一同摘要紀錄後函送給內務部。〔註 52〕

〔註 49〕　《北洋政府外交部》，〈狄顧問說帖〉，1918 年 2 月 9 日，中央研究院近代史研究所檔案館藏，館藏號：03-36-061-02-019。

〔註 50〕　《北洋政府外交部》，〈函送狄顧問寶道顧問說帖等件〉，1918 年 2 月 13 日，中央研究院近代史研究所檔案館藏，館藏號：03-36-060-03-020。

〔註 51〕　《北洋政府外交部》，〈放逐敵僑辦法〉，1918 年 2 月 14 日，中央研究院近代史研究所檔案館藏，館藏號：03-36-060-03-021。

〔註 52〕　《北洋政府外交部》，〈敵僑事〉，1918 年 2 月 14 日，中央研究院近代史研究所檔案館藏，館藏號：03-36-060-03-022。

二、中國政府的作法與寶道意見的評價

中國至少取得了三個版本的財產處理意見後，國務院內務部擬定了〈管理敵國人民財產章程〉（以下略稱爲〈章程〉），於 2 月 21 日送達外交部。〔註53〕由於目前無法得知內務部討論的過程，前三者意見可能的影響僅能透過比較〈章程〉的內容來判斷。以下將四種財產處理方法類似之處以表格表示：

出 處 項 目	寶 道	狄 谷	巴爾敦	〈章程〉
接收者	官方認可者	官員或官方認可的對象	官員	官員或官方認可者
職責	保管財產	保管財產	保管財產	保管財產
財產清冊	將收管財產詳爲登記	未提及	不需要，僅分類爲個人物品或商品	地方官員需要與原主或代理人當面查明財產數量並製作清冊。
財產變賣	經地方檢查廳長許可後，可賣易於損壞、保管費不久會超過價值、爲清償債務、國防所需物品	不能經久的貨物	立即拍賣未付保管費的個人物件器具	易於損壞、保管費不久會超過價值者，或原主因債務等因素聲請便賣者。上級核准後，在官員的監視下拍賣
繼續經營	除了軍事需要、法國債權者債務、工人利益、地方經濟關係外不得繼續經營	不得繼續經營	可繼續經營，並有業主同等的權利	中國官署與敵國合辦的公司與工廠由原官署另訂之。其餘未提及
保管費用	未提及	由敵僑財產中取償	未提及	經過管理敵國人民財產事務局核定，由保管的財產中支付

資料來源：〈關於法國保管敵僑財產辦法節要書〉，1918 年 2 月 2 日，03-36-061-02-020；〈狄顧問說帖〉，1918 年 2 月 9 日，03-36-061-02-019；〈放逐敵僑辦法〉，1918 年 2 月 14 日，03-36-060-03-021；〈敵僑事〉，1918 年 2 月 14 日，03-36-060-03-022；〈擬定管理敵僑財產事務局暨分局條例各一份〉，1918 年 2 月 21 日，03-36-060-03-021。

透過上述表格的比較，可以看出〈章程〉中的項目與寶道、狄谷兩人提出的意見較爲類似，可接收敵產者則混合了寶道與狄谷的意見，財產需要製

〔註53〕《北洋政府外交部》，〈擬定管理敵僑財產事務局暨分局條例各一份〉，1918 年 2 月 21 日，中央研究院近代史研究所檔案館藏，館藏號：03-36-060-03-021。

作清冊是寶道〈節要書〉中提及的，「不能經久保存」的物品需要變賣是寶道、狄谷兩人皆認爲必須的，保管費用來源狄谷也有提出，只有產業能否繼續經營一項看不出有受任何可能的影響；相對的，巴爾敦所提出的作法幾乎沒有被採納。整體而言，中方制訂〈章程〉應有受到寶道〈節要書〉的影響或啓發。

如此結果應與中國決策者的心態息息相關。中方決策者其實不甚願意「爲他人作嫁衣」，替協約國執行歧視性的敵僑處理政策。〔註54〕寶道的意見是摘錄法國國內的敵僑處理法；狄谷的意見沒有表明出處，但有可能是參考當時的國際公約，〔註55〕所以比較能契合中國決策者的心態。而巴爾敦即使在口頭上將其意見稱爲「敵產保護」，但透過其內容及主要參考對象：香港放逐敵僑辦法來推斷，應是較爲接近「清理」而非「保護」敵產，反映了協約國企圖徹底驅逐德國在華勢力的意圖。然而，「清理敵產」是狄谷認爲不恰當且違反國際公約的，〔註56〕對照寶道的陳述後更顯得與協約國自身的作法大相逕庭、充滿了歧視性。加以巴爾敦是協約國政策的主要督促人之一，但協約國對中國參戰條件並無做出可靠的承諾（主要是庚子賠款和修訂關稅），使得中國對協約國全體缺乏信任，〔註57〕導致中國官方不願採用巴爾敦的意見。

寶道與狄谷在中國敵僑財產處理的事務上扮演了可信的、較爲中立的資訊提供者，補充了一部分中國所需的情報，協助中國制定了自主亦不脫離國際公法的政策。

第四節　對中國參加戰後和會的意見

中國政府因歐戰中各種涉外議題，曾經組織一連串機構以研究對應方法，如「國際政務評議會」、「戰時國際事務委員會」、「歐戰議和籌備處」等。「歐戰議和籌備處」成立於 1918 年 4 月，自同年 8 月止，討論「修改《辛丑和約》」、「收回膠州」、「廢除治外法權」、「關稅自主」等議題。8 月後，外交總長陸徵祥邀請政府所聘外籍顧問：有賀長雄、德尼斯、葛諾發、寶道等人

〔註54〕徐國琦著，馬建標譯，《中國與大戰：尋求新的國家認同與國際化》，頁 203。
〔註55〕〈狄顧問說帖〉，1918 年 2 月 9 日，03-36-061-02-019。
〔註56〕〈狄顧問說帖〉，1918 年 2 月 9 日，03-36-061-02-019。
〔註57〕徐國琦著，馬建標譯，《中國與大戰：尋求新的國家認同與國際化》，頁 203
　　　～204。

撰寫對歐戰和會意見，如「威爾遜十四點和平原則」、國際聯盟、修改條約等議題。寶道受中國政府以將來參列和會「應持如何態度」、「處如何位置」兩議題諮詢，於同年9月完成《參列和會意見書》。〔註58〕

　　寶道於《參列和會意見書》中首先闡明其意見的限制：「戰勝範圍，取勝時機，並獲勝前所發生之事勢不可知」，譬如在1916年討論戰後和局，評論者不一定能預料俄國發生革命及中美兩國加入戰局。因此，寶道認為讀者應將意見書內容視為一種空泛的想像，而非必然發生的事情。此外，寶道認為「歐戰議和籌備處」已得數種優秀、建立在經驗和學識上的有用之言。〔註59〕所以僅陳述若干眾人應有興趣的意見，如和平會議的形式、中國所處地位、中國行事方針等。〔註60〕

一、研判和平會議的形式

　　寶道認為戰後必然組織一和平會議，但先前在「歐戰議和籌備處」發表的意見對「和平會議解決戰爭的方式」及「組織國際聯合會的方法」還不夠清晰，因此寶道認為值得再行分析。

　　寶道認為戰爭解決的方式有關「宣戰原因」，如土地及賠償；及戰爭造成的問題，如「交各戰國疆域變更」、「政治」、「財政」、「商務」、「經濟」等諸項國際規定。而寶道認為國際聯合會的組織，是為了盡其所能的預防相似的戰爭發生，還有試行國際契約，以「友誼、平等、及公理，以保固各國法律之尊嚴，國力之自由發達」，因此將為國際中積弱國家所重視。然而，寶道認為「國際聯合會」的組織上會產生與戰爭解決截然不同、且難以解決的問題，所以兩重大議題應會分開討論，由兩組專使會議進行，但不一定是異地異時召開，並有兩組不同的代表；亦可能只有一個專使團，端看會議的性質與程序，與戰事相關的僅召集參戰國專使；與國際聯合會相關的則是與會各國代表均可列席。〔註61〕

〔註58〕唐啟華，《巴黎和會與中國外交》，頁82～88。

〔註59〕依時間先後判斷，寶道應指的是顧問德尼思《中國與日後和平會議》、有賀長雄《國際聯合會組織問題》與《大戰後平和會議各問題》、蔿諾發《中國與將來講和會之關係》等意見書。唐啟華，《巴黎和會與中國外交》（北京：社會科學文獻出版社，2014），頁90～91。

〔註60〕《參列和會意見書》，1918年9月，中國社會科學院近代史研究所圖書館藏，館藏號：史741/3038。感謝唐啟華教授提供這份珍貴資料。

〔註61〕《參列和會意見書》，1918年9月，史741/3038。

　　再者，寶道認爲會議中各國地位也不同。如疆域變更及賠償等「戰爭直接相關問題」只會由各交戰國解決，因爲交戰國已經犧牲了大量士兵、財產與土地，不太可能讓中立、旁觀的國家干涉，中立國代表最多只能成爲顧問或仲裁者，不會有表決的權力。而且交戰國各自權力也將不同，或以各國其所盡義務的比例分別，如古巴或哥斯大黎加兩國名義上是交戰國；實際上可能沒有眞正交戰，就不可能與英、美、法、意享同等權力。寶道以爲這是戰爭刺激各國「民欲」及「輿論」，造成政治上必然的事情。即使分析結果對中國應相當不利，但寶道仍安慰中國讀者：「尙可望各交戰國抱公允之心，不作氣量狹小之際。」〔註62〕

　　接著，寶道認爲會議中會有「不高尙的情形」。首先，會議中不太可能「發表自由思想」，各國使節也不太可能在土地分配、歐洲未來局勢，「完全獨立」且「從所欲而表決」。因爲休戰是以雙方所剩兵力爲衡量，如土地上仍爲德國佔有，或爲協約國佔領，兩者的處理方式必然不同，如同盟國不承認比利時的完全獨立及應得的賠償，協約國恐怕不會停止軍事行動。此外，各國恐怕在和平會議前，已經預定了各種文牘、條例、及媾和草約，預先決定了重大問題的概要，如巴勒斯坦的將來，寶道以爲英法兩國「不太可能只交換了意見而已」，還有《中日民四條約》決定了山東和局的大要。〔註63〕

　　整體而言，寶道不認爲歐戰後和會與1814～1815年間的「維也納會議」相似。因爲當年法國兵力全毀、國土被佔、首都淪陷，根本無力再戰，所以才不得不服從聯軍的要求。而寶道認爲此時協約國即使大勝，德國一敗不振，協約國似乎也不會有太過份的要求，應該只要同盟國同意和平條約，軍事上就不會再深入；而這項規定，應會訂在戰爭期間的草約中，議和會議不過研究及完結草約之程序，因此，各國專使應不會討論超越草約的範圍的事情。整體來說，就是「由規定既往之事實，進而論及組織未來之局勢」。寶道認爲同盟國與羅馬尼亞於1918年訂的條約就是一個好例證。〔註64〕

　　至於組織國際聯合會的會議，寶道認爲會是由各「文明國家」，及各獨立國代表共同集議。也就是不僅交戰國，只要贊成這個會議，可能全球國家都

〔註62〕　《參列和會意見書》，1918年9月，史741/3038。
〔註63〕　《參列和會意見書》，1918年9月，史741/3038。
〔註64〕　《參列和會意見書》，1918年9月，史741/3038。

可以派代表列席。寶道亦認為在議場上各參與國無論法律、強弱，獨立之權都會受到尊重，如具有獨立不可侵犯人格，因此每個國家都有表決權，就像是在國際間實行民主主義的普通選舉與投票方法。至於每國票數，寶道最希望是一國一票，特別是組織國際聯合會與否的表決，因為屆時每票是代表各國完全獨立；但除上述的表決外，該組織亦可能要求地廣人眾的國家或要承擔較重義務，屆時票數若以義務輕重來劃分也屬公允。最後，寶道希望該組織即使不合乎小國要求，大國也不能強迫小國加入，最好使各國因便利而加入，不能使各國顧慮該國尊望、獨立的地位、自由之行為受損而不加入，這亦是各強國要盡其能力表現公平之處。〔註65〕

二、中國在和會中的地位及建議方針

寶道認為中國可能在會議中扮演的角色與所處的地位如下：

首先，寶道認為中國在「與戰爭直接相關問題」的會議中不太可能會有重要地位，因為歐戰戰場與中國相隔甚遠，青島戰役時中國還是中立狀態，中國對德國的經濟制裁事實上也不如歐洲與美國激烈。關於派遣華工至法國戰場的事情，協約國雖理當感惠，但這種「工業招募」是各中立國都可以實行的，不一定能增加中國在會議中的地位。中國能夠參與討論的應只有青島事件（山東問題），寶道稱這個議題已由他人討論，所以不加贅述。因此，寶道認為對戰後歐洲各種議題，中國最多也只能站在人道主義，以公正之心進行仲裁而已。〔註66〕

其次，寶道認為中國能在組織國際聯合會上佔有重要位置。因為中國屬地廣人眾之國，人民有一統的歷史、文化、種族，而且酷愛和平、向來是敦親睦鄰，歐戰時所持的主張亦為各國共和政府想要施展於世界的，所以讓中國主持政策應會非常契合協約國的目標，或可取得將來交涉的籌碼。因此，寶道認為在這個議場上中國專使應持「維持公理之原則，保持人民之自由」的態度、盡力提倡各國在法律與國際上應有的平等、對抗任何妨礙自由及牟利越軌的國家，因為寶道認為抱持著上述高尚宗旨，比起強調中國在戰爭中承擔了多少義務，更有益於達成修改條約、改正關稅、收回租借、取消領事裁判權等目的；若一直強調在戰爭中的貢獻，將把對

〔註65〕《參列和會意見書》，1918 年 9 月，史 741/3038。
〔註66〕《參列和會意見書》，1918 年 9 月，史 741/3038。

協約國求酬的權力轉成為在戰爭期間應得的「薪水」，中國恐無法得償所願。〔註67〕

再者，寶道認為中國如要取得修改條約的結果，也要在國際聯合會中承擔義務才有機會達成，所以希望中方特別留意以下意見。

寶道以為國際聯合會如果要備有相當威望、足以防禦違法者，須有統一機關及強力經費與義務由與會各國擔任，並以各國「等級」來分配義務，如所需經費可以分為六等，頭等負擔25%，末等任3%，如頭等納2萬5千元，末等僅納3千元。為了要能貫徹該組織的判決，寶道認為一定會有武力作為後盾，而國際聯合會的武力應該是透過當時各國既成的海陸軍發展而成，如此一來其兵力規模會十分充實及龐大，與會各國將負擔蠻重的義務。中國如果參加此會當然要承擔經費和供給兵力，相比起歐洲那些慣於無度增加軍費預算的國家，或許中國會感到義務較重，但因此可希望列入稍高的等次，與其他地廣人眾的國家相稱。〔註68〕

因此，寶道以為組織國際聯合會是與中國最有關係者，應該派遣積極的代表，更要自願負擔重大義務，因為中國代表四億人民，土地佔亞洲一半，所承擔的義務不該比人口只有2500萬與3500萬的義大利與西班牙輕。〔註69〕

最後，寶道認為中國如欲修改條約、在國際間取得平等待遇，還需須進行內部改革直到有「良善之政治」為止。因為國際聯合會實行的民主主義應是取法國家組織，但一國之內並非每個國人都享有普遍的國民權利，如未成年、廢疾、行為不軌、及精神病者，雖均有法律保護，但亦失去其固有之公權，免同等之負擔。寶道以為在國際上，也有缺乏能力、無與會資格的國家，而寶道認為中國還屬於一個「能力受限」的國家，要在組織中被承認是一個有能力的國家，他認為中國宜「將欲人之待己者舉以待人」。具體而言，是給予外人在內地居住及旅行自由、修明政治、改良司法、整理財政等事項。寶道稱中國當時的改革已有進步，但要得到國際平等待遇還需勵精圖治。〔註70〕

〔註67〕 《參列和會意見書》，1918年9月，史741/3038。
〔註68〕 《參列和會意見書》，1918年9月，史741/3038。
〔註69〕 《參列和會意見書》，1918年9月，史741/3038。
〔註70〕 《參列和會意見書》，1918年9月，史741/3038。

寶道總結萬國和平會議是中國的特別機遇，因爲全球列強將共聚一堂、彼此協助，且值得在國際聯合會中積極承擔義務，藉此取得未來和協約國交涉的籌碼，輔以繼續國內的改革，使中國國際上被認可是一完全能力的國家，最後完成中國獲得國際平等地位的宿願。〔註71〕

三、對中國參加和會意見的評價

綜觀寶道的意見，他雖期待在和會中每個國家能受到平等對待的理想；但仍認爲列強有可能獨攬重要決策，並以列強戰時訂下的各種條約、協定主導會議的內容。因此，寶道不認爲中國可在「與戰爭相關」的會議中有重要地位及重大成就，但不願打擊中方的士氣，因此開頭便稱自己的意見屬於一種空泛的想像。反之，中國因其國土、人口、文化因素，應可在國際聯合會中取得較高地位，所以中國需在該會議中保持道德高度、承擔義務，持續國內改革，以取得對未來對協約國交涉的籌碼。下文將透過比較實際狀況與寶道預測來評斷其意見的價值。

首先，寶道不認爲中國可在「與戰爭相關」的會議中有重要地位及重大成就，這點寶道預測成功。實際上中國所分配到的代表席位只有兩位，屬於和會中的第 3 等國家，目前也沒有證據表明中國代表參與了與中國利益不相關的會議。但出乎寶道意料的是，連與山東未來相關的會議都無法全程參與，山東權利最後讓與日本的決議，中國代表甚至是事後得知。〔註72〕可說是受到重度的排擠與邊緣化。除此之外，各國權力也確實如寶道所預估般的不一定平等，美、英、法、意、日等國自私壟斷的掌握了實際決策的「最高會議」，各國專使全體出席的「總會」所審定的問題不過是最高會議裁定後才提出的，實際上近乎是形式上的手續。〔註73〕此外，各國代表亦受限於戰爭期間已經訂立的許多條約與協定，這點在討論中國山東權利時有所顯現。如英法俄三國與日本簽訂的密約承諾了未來討論太平洋島嶼和山東問題上會支持日本，所以在巴黎和會中中國代表團無論發表了什麼言論，都難以撼動英法兩國對

〔註71〕《參列和會意見書》，1918 年 9 月，史 741/3038。

〔註72〕徐國琦著，馬建標譯，《中國與大戰：尋求新的國家認同與國際化》，頁 271～272；唐啓華，《巴黎和會與中國外交》，頁 205～206。

〔註73〕孟憲章，《世界最近之局勢 第二卷 巴黎和會》（北京：北京師範大學史地學社，1926），頁 16～17。

日本的支持，而且中國於 1915 年簽訂的《中日民四條約》，也成爲列強要求中國讓步的理由。〔註74〕

其次，中國因其國土、人口、文化因素，應可在國際聯合會中取得較高地位，這點寶道並沒有完全成功預測。中國雖獲選爲國際聯盟委員與海口及水路交通委員會成員，但在中國所能爭取的最高地位「理事會非常任會員國」，卻不是如寶道預測以及顧維鈞提出的一般的：以「人口、疆域大小和地理位置」選定，而是以「參戰出力或中立領袖」來選定。〔註75〕

再者，寶道認爲中國在態度上要在「與國際聯合會」相關的會議中保持道德高度、承擔義務，以取得對未來對協約國交涉的籌碼，這點應取得中方接受並有所成效。如中國提出的收回山東主權說帖內引用威爾遜主義與民族自決等原則，試圖將中國參與國際事務的行爲與高尚的道德結合。顧維鈞在巴黎和會的演說中，以「己所不欲，勿施欲人」的道德理念闡釋國際聯盟對中國的重要性，是以道德的理念支持國際聯盟。〔註 76〕在「與國際聯合會相關」的會議中，顧維鈞代表也積極提出意見，並能引起各方討論，如設法限制美國「門羅主義」與支持日本的「種族平等」，他起草國際聯盟盟約過程的表現被認爲貢獻重大，〔註 77〕讓中國在這一重大外交場合取得各國尊敬。儘管訴諸道德實際上有所作用，和會的結果卻讓中國人對國際秩序中的道德失去了信心，重新認爲國際秩序即「強權就是公理」，引發後續的五四運動及重新摸索中國未來走向的各事件。〔註 78〕

最後，寶道認爲中國應當在國際聯盟中承擔更多責任，進而作爲與協約國換取各種條約的改訂籌碼。其中一項便是承擔用以強制執行決策，防禦違法國家的軍隊人力與資金；然而，國際聯盟在籌備的過程中，雖然有討論過由美國或是各國分擔軍力，以貫徹司法機關的決策，可惜最後該軍隊並沒有成立，成爲後人眼中國際聯盟的一大弱點。〔註 79〕而國際聯盟經費分攤的部

〔註74〕 徐國琦著，馬建標譯，《中國與大戰：尋求新的國家認同與國際化》，頁 177～178、272～273。
〔註75〕 唐啓華，《巴黎和會與中國外交》，頁208～209。
〔註76〕 徐國琦著，馬建標譯，《中國與大戰：尋求新的國家認同與國際化》，頁85～106；170；176；262；268～269。
〔註77〕 唐啓華，《巴黎和會與中國外交》，頁206～210。
〔註78〕 徐國琦著，馬建標譯，《中國與大戰：尋求新的國家認同與國際化》，頁 285～288。
〔註79〕 孟憲章，《世界最近之局勢 第二卷 巴黎和會》，頁 132。薩孟武，《國際紛爭與國際聯盟》（上海，商務印書館，1928），頁 293、414～415。

分，最初雖然如寶道預測一般由國家人口數區分等級，中國得與英、法等大國同列一等國，應納 25%的最高額會費，日後所處等級雖歷經數次變更，但整體而言中國是承擔了與國力不成比例的會費，除了第一年能勉力如期繳納外，年年拖欠會費，給北京政府及國聯秘書廳都帶來許多問題，實際上嚴重影響了中國的國際聲譽。〔註 80〕可以說寶道對中國攤派會費的地位上是預測成功的，但實際上卻對中國國際地位提升產生了反效果。

　　整體而言，雖然參與巴黎和會的重要目的：收回山東主權未能達成，最後中國代表團拒絕簽署《凡爾賽條約》；但與會的外人認為中國參與了和會，是成功的提升了中國的國際地位與形象，甚至認為中國代表團在道義上佔了上風，可以說是秉持著道德的立場，讓中國這個弱國在巴黎和會這強權主導的會議中完成了提升國際地位的成就。而寶道的意見大致成功預測了和會的實際狀況，並提出了有效的方針，除了再度顯示了他的才能外，也為中國在巴黎和會中取得國際地位做出了貢獻。

〔註80〕唐啟華，《北京政府與國際聯盟（1919～1928）》，頁 189、267。

第三章　巴黎和會至華盛頓會議期間
提出的主要意見

　　1918 年 11 月，德奧同盟國承認戰敗，與協約國簽訂停戰協議，成為戰勝國之一的中國得以參與巴黎和會。寶道成為中國代表團一員，並在和會中協助宣傳中國主張。雖然中國未成功收回山東主權，但寶道仍持續關注山東問題解決方案並提出詳盡的意見。此外，寶道亦針對歐戰新立無約國關係，對德關係，德華銀行財產處理、白雪利訴訟案等涉外議題提出意見，雖然其中不少意見未能受用，但中國政府仍繼續請寶道針對涉外議題提出意見，可見其才能仍受到重視與肯定。

第一節　對山東問題的意見

一、巴黎和會期間的意見與作為

　　當戰後和平會議在巴黎召開後，寶道獲選為中國代表團一員。〔註1〕寶道於巴黎和會期間已知提出了兩次意見，第一次是針對與奧匈帝國訂造的軍艦遭沒收的索賠及借款的事情提出說帖，〔註2〕以及在施肇基代表的詢問下，對山東戰事賠償提出意見。〔註3〕

〔註1〕顧維鈞著，中國社會科學院近代史研究所譯，《顧維鈞回憶錄》第一分冊（北京：中華書局，1985），頁 210。
〔註2〕軍艦索賠問題直至 1925《中奧商約》交涉時才大致解決，可詳見：唐啓華，《被「廢除不平等條約」遮蔽的北洋修約史（1912～1928）》，頁 148～151。
〔註3〕《北洋政府外交部》，〈參與歐洲和會全權委員處第一次至七十五次會議錄〉，1919 年 1 月，中央研究院近代史研究所檔案館藏，館藏號：03-37-012-01-001。

　　3 月 4 日魏宸組全權代表與比利時的戰爭賠償損失代表會面，請其協助檢視目前中國的戰爭損失賠償草案是否合宜。對方認為唯一應再討論的是山東損失賠償問題，因為山東的損失是在中國中立時期，似乎不能向參戰後才成為敵國的德國要求。當天晚上魏宸組與其他代表會議時，便將山東生命財產損失，應向德國或是日本要求的問題提出。〔註 4〕

　　當時會議上代表們分成兩派進行討論，主張向德國索賠的人，理由如下：（一）當時日本雖破壞中國中立，但現在已經是聯盟國，向日本索還青島，又要求賠償，於情理上似乎不合。（二）山東戰爭的戰端，終究在德國佔領青島在先。（三）向聯盟國要求賠償損失，似乎和這次議和的原則不合。〔註 5〕

　　而主張向日本人索賠者亦持三個理由：（一）當日本進攻青島時，政府曾經向日本聲明必須承擔戰爭損失的負責，而對德國只稱中國將不負責任。（二）如向德國要求索賠遭拒，就不能再向日本要求。（三）如果不向日本要求，則視同放棄責難日本破壞中國中立的罪責。〔註 6〕

　　當日的討論無法達成共識，於是決定次日詢問法律家後再討論，魏宸組所找的法律家便是寶道顧問。他們兩人在 5 日的上午會面，寶道聽完昨日的討論後，認為賠償「決不能向日本要求。」即使魏宸組向寶道陳述，「山東人民受生命財產損失時，中國還是中立國，並且當時屢次向日本抗議，要求對方負起責任。」寶道回應：「現在中國既然已經開戰（對德和約尚未簽訂，法律上仍屬於交戰狀態），情形變更。中、日兩國流溢一氣，所有損失沒有不向德國，而向日本要求的理由。而且要求賠償的金額太大，可能會失去信用，還須斟酌。」魏宸組將寶道的意見陳述於當日下午的中國代表團會議後，代表團便決議將決山東損失歸入向德國要求的項目之中，但暫時不列金額，等待證據到後再行補報。〔註 7〕

　　除了上述的賠償問題外，寶道與中國代表團其他成員一同遊說各國與會代表支持「山東直接交還中國」的主張，如 4 月初時寶道數日與英、法兩國

〔註 4〕〈參與歐洲和會全權委員處第一次至七十五次會議錄〉，1919 年 1 月，03-37-012-01-001。

〔註 5〕〈參與歐洲和會全權委員處第一次至七十五次會議錄〉，1919 年 1 月，03-37-012-01-001。

〔註 6〕會議紀錄中因故並無寫下辯論雙方的人名。〈參與歐洲和會全權委員處第一次至七十五次會議錄〉，1919 年 1 月，03-37-012-01-001。

〔註 7〕〈參與歐洲和會全權委員處第一次至七十五次會議錄〉，1919 年 1 月，03-37-012-01-001。

外交部的「東方股長」會面，試圖以第三者的身份討論中日山東問題，陸征祥稱：「亦尙不無可望助力。」〔註8〕並在 4 月底接受陸征祥囑託，設法使法國派巴黎和會專員在其報告外，「照中國說帖辦法，加一條陳」。〔註9〕雖然在中國代表團遊說的過程中，寶道不僅自願且在中方的請託下利用其過往人脈及法語溝通的便利性，設法加強中方訴求的能見度與力度；但 4 月 30 日和會仍決議將山東權利讓渡給日本，最終導致中國代表團拒絕簽署《凡爾賽條約》，〔註10〕因此山東問題就必須日後另尋解決辦法。

二、拒簽和約後中國的外交政策

　　1919 年 7 月初，中國國務院與外交部分別請教仍在巴黎的陸徵祥與在華美籍顧問德尼思（William Culler Dennis，1878～1962）：拒絕簽署《凡爾賽條約》以後如何處理中日及中德關係。陸徵祥與其他全權代表商議後，認爲有關對德和約透過美、英、法等國調停爲妙，並將意見於當月 3 日密呈給大總統及國務總理。〔註11〕9 日德尼斯回應外交部的意見表示：中國不必暫停收回山東的交涉，而且應該準備與《中日民四條約》一併對國際聯盟提出議案，如此不但符合國民期望，也是利用當時世界各國仍關注山東問題如何處理的情勢。若日本根據盟約第 12、13 條，拒絕國際聯盟裁判山東問題，中國仍可根據第 15 條向行政院（Council）或大會（代表團）提案，且德尼斯認爲中國應將議案向大會提出，如此可避開在和會上使中國失敗的各大國委員。行政院原訂是由 5 大國之外以另 4 國組織成，如日本不推翻聯盟的話，很難拒絕中國的議案在行政院提出，德尼斯也認爲日本當時不會有違抗聯盟的企圖。就算中國最後無法成爲國際聯盟一員，也可根據第 17 條提出議案，

〔註 8〕《北洋政府外交部》，〈顧使告美霍全權山東於我國世界各國之關係重要性〉，1919年 4 月 08 日，中央研究院近代史研究所檔案館藏，館藏號：03-33-146-03-017。
〔註 9〕《北洋政府外交部》，〈送山東問題說帖事〉，1919 年 4 月 30 日，中央研究院近代史研究所檔案館藏，館藏號：03-33-146-03-049。
〔註10〕中國代表團拒絕簽署條約的各項因素，學界已經做了不少研究。可參考：徐國琦著，馬建標譯，《中國與大戰：尋求新的國家認同與國際化》，頁 271～276；王建朗，《中國廢除不平等條約的歷程》（南昌，江西人民出版社，2000），頁 57～69；石源華，《中華民國外交史》（上海，上海人民出版社，1994），頁 165～168；唐啓華，《巴黎和會與中國外交》，頁 283～329。
〔註11〕中央研究院近代史研究所編，《中日關係史料：巴黎和會與山東問題·中華民國七年至八年》（臺北，中央研究院近代史研究所，2000），頁 241。

〔註 12〕但切記在與日本交往的過程中，不可被引誘而訂立任何合同，因而破壞上訴國際聯盟的合理性。〔註 13〕

由於兩者的意見並不衝突，所以中國政府採取兼用辦法。國務院於 7 月 13 日給巴黎中國代表團的指示，要求代表團在對奧和約上簽字，以求加入國際聯盟會，如此英、美、法等國若無調停山東問題，仍可在國際聯盟會上提出議案，且亦指示收集各重要案卷及各國政要有關山東問題的演說辭作爲提案所需資料（應該是要觀察各國輿論動向）。〔註 14〕因此仍在巴黎的陸徵祥與顧維鈞（1888～1985）兩人，便在 7 月至 10 月間接連會晤法國總理、外交部東方股長、下議院議員、和約審查長、英國正副外交部長、英國和會專員、美國和會全權代表、美國外交部東方股長等人，試圖遊說他們支持中國在山東問題上的立場，〔註 15〕然而時至 10 月 13 日，顧維鈞報告，法、英、義等國已經批准德約，10 月 17 日，駐美代辦也報告美國上議院否決德約中山東各款修正案。〔註 16〕眼見運動美、英、法代爲調停一時無果，10 月 28 日，國務院因此指示外交部次長陳籙（1877～1939）將「提交國際聯盟」視爲重要方針：

青島問題美參議院否決修正案，日本人民方面爲強硬之主張，此意中事，不足怪也。然該問題英、法、義各強國爲事先換文所束縛，

〔註 12〕 條約全文如下：（一）若一聯合會會員國與一非聯合會會員之國，或兩國均非聯合會會員，遇有爭議，應邀非聯合會會員之一國或數國承受聯合會會員之義務，照行政院認爲正當之條件以解決爭議；此項邀請如經承受，則第十二條至第十六調之規定，除行政院認爲有必要之變更外，應適用之。（二）前項邀請發出後，行政院應即調查爭議之情形，並建議其所認爲最適當、最有效之辦法。（三）如被邀請之一國拒絕承受聯合會會員之義務以解決爭議，而向聯合會一會員以戰爭從事，則對於此行動之國即可適用第十六條之規定。（四）如相爭之兩造於被邀請後，均拒絕承受聯合會會員之義務以解決爭議，則行政院可籌一切辦法並提供各種建議。唐啓華，《北京政府與國際聯盟（1919～1928）》，頁 368～369。

〔註 13〕《北洋政府外交部》，〈德尼思說帖〉，1919 年 7 月 9 日，中央研究院近代史研究所檔案館藏，館藏號：03-37-034-02-001。

〔註 14〕 中央研究院近代史研究所編，《中日關係史料：巴黎和會與山東問題·中華民國七年至八年》，頁 247。

〔註 15〕 中央研究院近代史研究所編，《中日關係史料：巴黎和會與山東問題·中華民國七年至八年》，頁 258、264～265、271～272、276～277、286、307、317、318～319、325、327、345。

〔註 16〕 中央研究院近代史研究所編，《中日關係史料：巴黎和會與山東問題·中華民國七年至八年》，頁 361。

威總統且容忍遷就，不能堅持，美議院即提議保留通過，而大錯旣已鑄成，於我亦無大益。惟此時若中日直接交涉，必致又起極大之風潮，將來提出國際聯盟，萬不能不做，做而失敗，反對者即默爾而息矣。爲今之計，愚以爲應一面選定堪勝國際聯盟代表之員（以嫻熟英、法各國語言文字，手段活潑，善於交際者爲主。）一面徵集種種有力之材料及籌備聯絡運動需用之款，以期有濟。而於日本政府方面並不宜全行拋棄，仍須暗中維繫，倘國際聯盟或失敗，尚有轉圜地步，是否有當。謹此陳侯鈞裁。〔註17〕

三、寶道第一次提出意見

在國務院要求外交部注意「提交國際聯盟」辦法後，仍關心山東問題的寶道透過報紙得知中國各界對該問題的態度，但他認爲各界輿論缺乏討論「何項事實得提交國際聯盟」及「提交何項條件得以施行」，因此從法理及理論兩方面研究「山東問題提交國際聯盟會問題」，最後得出了意料之外的結果。寶道將研究結果寫成冗長的意見書，於 1919 年 12 月 23 日送達外交部。〔註18〕

寶道本次的意見書包含對「國際聯盟主動對應紛爭」及「國際聯盟公斷辦法」兩方式能否處理山東問題的意見，內容如下略述。

（一）寶道對國際聯盟主動對應紛爭辦法的意見

寶道將對應方法分爲主動與被動兩種，他認爲國際聯盟條約（以下略稱爲條約）第 11 和第 19 條是屬於主動的一類，而條文中顯示了執行上的限制，如第 11 條〔註19〕規定行政院召開會議一定要出於某個聯盟國請求，即便戰爭已經發生，若無任何聯盟國請求秘書長也不能自行開會；此外，聯盟國遇到

〔註17〕 中央研究院近代史研究所編，《中日關係史料：巴黎和會與山東問題・中華民國七年至八年》，頁 363。

〔註18〕《北洋政府外交部》，〈寶道說帖〉，1919 年 12 月 23 日，中央研究院近代史研究所檔案館藏，館藏號：03-37-034-02-002。

〔註19〕 條約全文如下：（一）茲特聲明凡任何戰爭或戰爭之危險，不論其立即涉及聯合會任何一會員與否，皆爲有關聯合會全體之事，聯合會應用任何辦法視爲敏妙而有力者，以保持各國間之和平。如遇此等情事，秘書長應依聯合會任何會員之請求，立即召集行政院。
（二）又聲明凡牽動國際關係之任何情勢，足以擾亂國際和平或危及國際和平所恃之良好諒解者，聯合會任何會員有權以友誼名義，提請大會或行政院注意。唐啓華，《北京政府與國際聯盟（1919～1928）》，頁 365。

了足以擾亂國際和平的任何交涉或情勢，雖然得以請國際聯盟大會或行政院注意，但寶道認爲這是要求聯盟國只能在大會、行政院已經召開時才能提出，實際上是限制集會的範圍。而第 19 條〔註 20〕雖然看似規定起來大會可以主動發出勸告，但寶道認爲實際上仍須任聯盟國之一國提出，及大會或行政院已經召開後才能進行。〔註 21〕

寶道接著分析召開大會的結果。第 11 條只規定必須施行妥善、有效、直接切實的辦法保持各國間的和平，然而並未指稱這方法如何成立及施行；第 19 條則是勸告相關國重行研究，寶道認爲這可能代表大會一經勸告後便再無權干涉。對照兩條文後，寶道更認爲大會無法以判決之辦法勸告各國，而且也不能強迫各國遵行判決。所以寶道總結國際聯盟主動對應方針的限制：國際聯盟大會及行政院，沒有權力在任何聯盟國提出請求前，以任何爭議和問題質問關係國，或是勸告該國重行研究。〔註 22〕

隨後，寶道將山東問題置入兩條文中分析。寶道認爲山東問題若要引用第 11 條前段，則須要有戰爭的威脅，聯盟國才能提請聯盟大會注意。寶道不希望山東問題會釀成任何戰爭，而且中國與日本發生戰爭的話，他認爲美、英、法各國一定會直接干涉，使得山東問題成爲世界問題，不須提交國際聯盟，但寶道認爲第 11 條後段規定頗爲便利：「遇有國際交涉之任何情勢，足以擾亂國際和平或國際和平所須之良好諒解，此爲聯盟國應有友誼上之權利，得提大會或行政院注意。」，因爲行政院比聯盟大會更常召開，而且既然談「友誼」，則干涉可能爲和平性質。若以第 19 條來看，寶道認爲山東問題雖不包含「不適用的條約」，但可以說是「長興不已擾亂世界和局之狀況」，國際聯盟大會應可邀請各國對山東問題重行研究，不過大會自發的干涉需要在大會正在開會的時候，然而大會並非隨時召開。〔註 23〕

然而，寶道對上述兩條約所得的解決方法充滿疑問，因爲就國際聯盟會的條文而言，提交爭議後會叢生諸多其他問題：如第 19 條所寫的「勸告聯盟國重行研究」，勸告是否普及全體會員國，或僅勸告有關係的會員國？是以國際聯盟會員國身份進行勸告？或是以一個獨立國家的身份勸告？聯盟各國代

〔註 20〕 大會可隨時請聯合會會員重行考慮已不適用之條約，以及國際形勢繼續不改或致危及世界之和平者。唐啓華，《北京政府與國際聯盟（1919～1928）》，頁 369。
〔註 21〕〈寶道說帖〉，1919 年 12 月 23 日，03-37-034-02-002。
〔註 22〕〈寶道說帖〉，1919 年 12 月 23 日，03-37-034-02-002。
〔註 23〕〈寶道說帖〉，1919 年 12 月 23 日，03-37-034-02-002。

表是否只將勸告轉報該國政府？是否要準備直接交涉？該勸告在聯盟大會中是否會討論？如果有討論，結果會是什麼？投票？判決？建議？在大會以外交涉？交涉後是否報告大會？第 11 條對在寶道眼中也有許多問題：一國以友誼提請行政院注意後，行政院是否即可開議？是否能要求衝突雙方陳述意見？有無判決的權力？聯盟大會得到注意的請求後，是否即能將該問題加入議程？〔註 24〕以上種種疑問，顯示寶道不認為國際聯盟條約第 19 條與第 11 條能直接節決問題。

（二）寶道對國際聯盟公斷辦法的意見

寶道亦論及各方輿論提及的「國際聯盟公斷辦法」，寶道點出條約中第 13、第 12、第 15、第 16 條有相關規定，但是各條內容頗為混淆，所以他提出四項假設來分析：（一）提交公斷、（二）提交公斷或行政院、（三）提交行政院、（四）提交大會。〔註 25〕每項假設都對應 1 到 2 條法規。

首先，寶道認為「提交公斷」一事由第 13 條所規定。〔註 26〕寶道稱該條的特色是在公斷判決的效力上，條約規定聯盟國不得對服從公斷判決的另一聯盟國開戰，這條是普通公斷條約沒有規定的。條約亦規定聯盟國如不遵公斷判決，行政院應設法使判決生效，但寶道無法判斷行政院的行為是減少或增加公斷的價值。若遵行判決的一方叢生問題時，條約規定可以尋求聯盟會的援助，寶道雖不知道具體的援助方法，但認為應旨在促進判決通行。寶道總結第 13 條所規定之程序，只是因為發生爭端，欲提交公斷的兩方，一方願意遵從公斷，所以一方提出公斷而已，實際上是尊重已有習慣及現行和約，其實聯盟各國並無任何增加的義務。〔註 27〕

〔註 24〕〈寶道說帖〉，1919 年 12 月 23 日，03-37-034-02-002。
〔註 25〕〈寶道說帖〉，1919 年 12 月 23 日，03-37-034-02-002。
〔註 26〕條約全文如下：（一）聯合會會員約定無論合時聯合會會員間發生爭議，認為適於公斷或法律解決而不能在外交上圓滿解決者，將該問題完全提交公斷或法律解決。（二）茲聲明：凡爭議關於一條約之解決，或國際法中任何問題，或因某項事實之實際，如其成立足以破壞國際成約並由此種破壞應議補償之範圍及性質只阿，概應認為在適於提交公斷或法律解決之列。（三）為討論此項爭議起見，受理此項爭議之法庭，應按照第十四調所設立之經常國際審判法庭，或為各造所同意，或照各造間現行條約所規定之任何裁判所。（四）聯合會會員約定彼此以完全誠意實行所發表之裁決或判決，並對於遵行裁決或判決之聯合會任何會員，不得以戰爭從事；設有未能實行此項裁決或判決者，行政院應擬辦法使生效力。唐啟華，《北京政府與國際聯盟（1919～1928）》，頁 366。
〔註 27〕〈寶道說帖〉，1919 年 12 月 23 日，03-37-034-02-002。

　　若中國欲引用第 13 條的公斷模式，寶道認為中國必須要求日本將山東問題提交公斷（第 13 條規定衝突雙方都要同意提交才行），而且雙方的爭議還必須是直接交涉無法解決，因此中國必須先和日本直接交涉；但寶道認為和日本直接交涉必然是曠日費時且毫無功效，其實對中國不利，所以不建議中國政府不會採用第 13 條規定的方針。〔註28〕

　　其次，寶道認為「提交公斷或行政院」的部份載於國際聯盟條約第 12 條。〔註29〕他認為第 12 條是種不理會現行合約為何，由聯盟會各國決議將一個勢將導致聯盟國之間決裂的爭議交付公斷，或行政院審查，最後導致各國政府失去「自行決議是否交付公斷」之權的條款，因為這是聯盟各國的義務之一。寶道另外批評第 12 條定義的公斷，只是對國際爭訟和解有幫助而已，就像是法國法律當時的和解，預先判決的用意在於使衝突的雙方暫時停止，因為用此條定義的公斷，仍特別保留衝突雙方訴諸戰爭的權力，不過是要等到公斷判決，及行政院報告出爐三個月後才能宣戰。因此寶道認為第 12 條的規定，是意圖避免各方突然訴諸戰爭，強迫雙方一定要經過一定的手續後才可訴諸武力，期望 9 個月的時間能和緩雙方國民的憤怒，並且由國際聯盟透過公正的建議勸告各方，以便於促成爭議和平解決，因此認為傾向第 12 條所定義的公斷並非「真實之公斷」。〔註30〕

　　若中國要引用第 12 條規定的公斷程序，寶道認為山東問題必須達中日雙方勢必決裂，又中日同意將爭議提交行政院才可引用。但寶道以近日所得消息研判中日兩國應該不會因山東問題而決裂，且純法律而言中日間的山東問題也並不是「爭議」，而是「事實」。問題的核心在於中國及日本在巴黎和會中所提出的條件不同，中國要求將德國在山東權利完全交還，日本則要求山東權利轉交日本，而凡爾賽條約的第 156 條與第 158 條已經宣告日本獲勝了，只是中國以權利遭到犧牲，有感不公而拒絕簽約。寶道以法律觀點認為上述

〔註28〕〈寶道說帖〉，1919 年 12 月 23 日，03-37-034-02-002。

〔註29〕條約全文如下：（一）聯合會會員約定儻聯合會會員間發生爭議勢將決裂者，當將此事提交公斷，或依法律手續解決，或交行政院審查，並約定無論如何非俟公斷員裁決，或法庭裁決，或行政院報告後三個月屆滿以前，不得從事戰爭。（二）在本條內無論和案，公斷員之裁決，或法庭之判決，應於相當時間發表，而行政院之報告應自爭議移付之日起六個月內成立。唐啟華，《北京政府與國際聯盟（1919～1928）》，頁 365～366。

〔註30〕〈寶道說帖〉，1919 年 12 月 23 日，03-37-034-02-002。

情形是一種「事實」，若要屬於「爭議」，一定有甲方有所要求而乙方拒絕，則山東問題必須是以下情形：

　　（一）中國要求日本將全部或一部權利交還中國，日本或拒絕之，
　　或有條件之許與中國，以爲太苛而拒絕之。（二）日本要求中國履行
　　條約第 156 條及第 158 條之規定而中國拒絕之。〔註31〕

而且中國必須在兩種假定爭議的情形中表示絕無讓步的可能。總之，寶道認爲第 12 條的程序，不需要如第 13 條所規定「直接交涉後無法解決」，只要「一度交涉」確認雙方所要求爲何。然而，寶道認爲第 12 條也不利中國，因爲該條仍規定必須在衝突的雙方都同意後，才能將爭議交付國際聯盟仲裁，但徵求日本的同意必然又需與該國直接交涉，其實會回到第 13 條相同的途徑，仍不利於中國。〔註32〕

　　至於「提交行政院」和「提交大會」兩項假設，寶道認爲均載於規定廣泛的第 15 條，〔註33〕寶道認爲該條有三項要點：（一）爭議雙方「叢生足以

〔註31〕〈寶道說帖〉，1919 年 12 月 23 日，03-37-034-02-002。
〔註32〕〈寶道說帖〉，1919 年 12 月 23 日，03-37-034-02-002。
〔註33〕條約全文如下：（一）聯合會會員約定如聯合會會員間發生足以決裂之爭議，而未照第十三條提交公斷或法律解決者，應將該案提交行政院：職是之由各造中任何一造可將爭議通知秘書長，秘書長即籌備一切，以便詳細調查及研究。（二）相爭各造應以案情之說明書，連同相關之事實及文件，從速送交秘書長，行政院可將此項案卷立命公布。（三）行政院應盡力使此項爭議得以解決，如其有效，須將關於該爭議之事實與解釋並此項解決之條文酌量公布。（四）倘爭議不能如此解決，則行政院經團體或多數之表決，應繕發報告書說明爭議之事實及行政院所認爲公允適當之建議。（五）聯合會任何會員列席於行政院者，亦得將爭議之事實及其自國之決議以說明書公布之。（六）如行政院報告書除相爭之一造或一造以上之代表外，該院會員一致贊成，則聯合會會員約定，彼此不得向遵從報告書建議之任何一造從事戰爭。（七）如行政院除相爭之一造或一造以上之代表外，不能使該院會員一致贊成其報告書，則聯合會會員保留權利施行認爲維持正義與公道所必需之舉動。（八）如相爭各造之一對於爭議自行聲明並爲行政院所承認，按諸國際公法純屬該造本國法權內事件，則行政院應據情報告而不必爲解決該爭議之建議。（九）按照本條任何案件行政院得將爭議移送大會，經相爭之一造請求應即如此辦理。惟此項請求應於爭議送交行政院後十四日內提出。（十）凡移付大會之任何案件，所有本條及第十二條之規定關於行政院之行爲及職權，大會亦適用之。大會之報告書，除相爭各造之代表外，如經聯合會列席於行政院會員之代表並聯合會其他會員多數核准，應於行政院報告書除相爭之一造或一造以上之代表外，經該院會員全體核准者，同其效力。唐啓華，《北京政府與國際聯盟（1919～1928）》，頁 367～368。

決裂的爭端」，但接受其中一方同意公斷，但另一方拒絕的情形，（二）無論任何情勢均得提交行政院，（三）經相爭中的一方請求後，爭端得提交於行政院。寶道認爲上述規定使得弱小國家遭敵國脅迫時，可以透過國際聯盟秘書長在國際聯盟法庭上指控敵國。由於是透過秘書長進行種種詳密的調查與考慮，所以第 15 條也規定，『相爭兩造應將該案原委連同有關係之事實及文件送交秘書長，行政院可立命發此項案卷。』寶道認爲這項規定不僅確保起訴人有詳密的調查和公共調查之利益，而且行政院取得一切證據後，應會設法使衝突雙方和平解決，並還會明文公佈詳細的衝突實情和解決方法以達最大效果。〔註34〕

　　若雙方無法和解的話，寶道也指出第 15 條記載的相關辦法。如行政院發表報告並詳述事實外，也會說明該會認爲公允適當的建議，而這項建議要生效，須要衝突雙方及行政院成員一致的贊成；如果行政院一員不贊成導致不能生效，聯盟各國還有權採取各自認爲維持正義與公道的必要行爲。寶道對上述部份的條約評價頗高，認爲「世人對編定條約之政界要人，於國際聯盟憲法所賦予之恩惠當表感忱」。然而，寶道也認爲這部份的規定有所缺陷：並沒有規定贊同報告書的各聯盟國，需要遵守建議中的解決辦法；即便缺乏一致同意的情況下，各國有權自行採取必要的行爲，但各國對於正義與公道的意見都不相同，勢必導致各行其是，最後導致提交國際聯盟的實利（如前述的有詳密的調查和公共調查之利益）化爲烏有；即使報告書得行政院成員一致贊同，確實的效力也只是各聯盟國不得向服從建議的聯盟國開戰而已，寶道認爲這只是反向保障而非正面援助，因爲若一方不履行報告書中應該遵守的義務，並沒有規定其他國家需要給予服從的一方切實援助。〔註35〕

　　即使用以輔助第 12、13、15 條約的第 16 條寶道也認爲失之狹隘。〔註36〕

〔註34〕　〈寶道說帖〉，1919 年 12 月 23 日，03-37-034-02-002。
〔註35〕　〈寶道說帖〉，1919 年 12 月 23 日，03-37-034-02-002。
〔註36〕　條約全文如下：（一）聯合會會員如有不顧本約第十二條、第十三條或第十五條所定之規約而從事戰爭者，則據此事實應即視爲對於所有聯合會其他會員有戰爭行爲，其他各會員擔任立即與之斷絕各種商業上或財政上之關係，禁止人民與破壞盟約國人民之各種往來，並阻止其他任何一國爲聯合會會員或非聯合會會員之人民，與該國之人民財政上、商業上或個人之往來。（二）遇此情形行政院應負向關係各政府建議之責，俾聯合會各會員出陸海空之實力組成軍隊，以維護聯合會盟約之實行。（三）又聯合會會員約定當照本條適用財政上及經濟上應採之辦法時，彼此互相扶助，使因此所致之損失與困難減至最少之點；如破壞盟約國對於聯合會中之一會員施行任何特殊辦法，亦應互相扶助以抵制之；其協同維護聯合會盟約之聯合會任何會員之軍隊，應取

因為該條僅規定聯盟國之一若未經過公斷或行政院審查程序就訴諸戰爭時，各聯盟國該如何應對；仍然缺乏了公斷程序過後，若衝突雙方之一否認公斷的判決，各聯盟國必須幫助服從公斷一方的相關規定。總而言之，各國只是能透過公斷申訴爭端而已，並沒有雄厚的支援。〔註 37〕言下之意，寶道認為無論是何種公斷辦法，皆無法保證日本拒絕公斷結果的話，聯盟各國會幫助中國收回山東主權。

因此寶道認為中國政府勢必訴諸國際聯盟公斷，相較於第 13 條與第 12 條的效力，引用第 15 條規定的程序仍較好。寶道認為中日爭議如需滿足第 15 條以下四條件：（一）有爭議、（二）此項爭議勢必決裂、（三）此項爭議還未提交第 13 條所規定之公斷、（四）國際聯盟會秘書接獲衝突一方之請求，中國須先對日本提出要求，然後為日本拒絕，而世人皆知中國與日本的爭議必導致決裂，中國政府也不願與日本進行直接交涉，所以將寧可將爭議提交行政院，無論日本到時有何回應，中國方面仍以籌備一切提交聯盟會所需為佳。因為一旦爭議提交給行政院，中國方面必須將爭議案原委說明，有關的一切文件、證據都交給行政院，然後確定己方的要求為何。寶道認為中國方面的要求為何很重要，因為中國代表在巴黎和會上要求將德國利權無條件完全歸還中國，也沒有確認範圍為何，是否指德國權利之全部，或是承認日本某個權利為凡爾賽條約所規定，因此得以繼承？他認為在這點將來與日本會發生法律爭議，而且更會影響行政院的裁決。〔註 38〕

再者，如中國在行政院議上已經證明自己要求合理，仍要當時行政院中美、法、英、日、意、比、巴西、西班牙、希臘等 9 國代表全數同意，行政院才會公佈此爭議案的內容與判決理由，裁定德國山東權利全部或一部分應歸還中國；但日本會不會同意判決又是另一個問題，因國際聯盟條約中，能強制要求履行的判決結果的只有第 13 條的公斷程序；其餘各條只要求各聯盟國不得對中國宣戰而已。寶道認為若中國無法獲得全體行政院亦無妨，因為中國只要得到多數行政院成員國的認可，即代表法理上的勝利。〔註 39〕

必要方法予以假道之便利。（四）聯合會任何會員違犯聯合會盟約內之一項者，經列席行政院所有聯合會其他會員之代表表決，即可宣告令其出會。唐啟華，《北京政府與國際聯盟（1919～1928）》，頁 368。
〔註 37〕　〈寶道說帖〉，1919 年 12 月 23 日，03-37-034-02-002。
〔註 38〕　〈寶道說帖〉，1919 年 12 月 23 日，03-37-034-02-002。
〔註 39〕　〈寶道說帖〉，1919 年 12 月 23 日，03-37-034-02-002。

寶道「提交大會」的意見十分簡短，他認為在第 15 條的規定下，提交大會不過將事端交多數裁判而已，大會的同意又一定要行政院全體同意才能生效，所以提交大會的結果應與提交行政院相同。〔註40〕

（三）外交部對寶道第一次意見的評價

經過對國際聯盟條約仔細研究後，寶道認為國際聯盟仍須時間發展，只能希望這個機關的有所成績、能夠維持和平、主持公道，寶道因此認為山東問題應該提請全世界注意，並仰賴各國道德援助。也就是說，寶道認為以國際聯盟當時的各項公斷規定，中國可能解決不了山東問題，因為各項條約在他眼中都不算完備，更有許多種情形導致無法執行公斷結果，也就是中國即使公斷上得勝也無法保證取得利益。〔註41〕

但寶道意見送達之時，外交部尚未對山東問題確立處理方針。當時中國輿論主張將山東問題提交國際聯盟，輿論認為一旦與日本交涉，等於默認德約及中日間各種協約，交涉失利後再訴諸國際聯盟是先失所據；日本政府希望中日直接交涉，中國政府雖初步認為國聯不可恃，但在民意不許與日本直接交涉的情勢下，只能廣徵各方意見以謀求善策。顧維鈞、外籍顧問福開森、狄谷等人則反對不先與日本交涉，直接將問題提交國際聯盟的辦法，至少要日本不接受中國立場形成爭議後再提交國際聯盟。當時駐外使節、外籍顧問的國際法意見與民間輿論的衝突，導致中國政府陷入兩難遲遲未能下決策。〔註42〕寶道雖然仔細分析了提交國際聯盟可能的結果，提出了最好的方案，但當時中國政府其實尚不能決定是否要訴諸國際聯盟，因此寶道的意見一時不見任何人的評論，直到 1920 年 3 月 15 日才由外交部部員姚亞英（1878～1945）進行評論。

姚亞英首先讚美寶道「推闡聯盟條文各點，甚見精細」，但不以寶道的結論為然。姚亞英自稱主張山東問題提交國際聯盟，但採用第 15 條需要爭議雙方勢必決裂，而姚亞英認為中日雙方直接交涉所不會導致決裂，因為日本政府一面聲稱會交還、一面侵奪山東，還一面稱親善的行為即使可惡；但當年日本提出「二十一條要求」時中國政府都忍受了，此時不過舊事重提，中國不可能會因為一言不合而與日本決裂及動武。既然不會決裂，將爭議以第 15

〔註40〕〈寶道說帖〉，1919 年 12 月 23 日，03-37-034-02-002。
〔註41〕〈寶道說帖〉，1919 年 12 月 23 日，03-37-034-02-002。
〔註42〕唐啟華，《北京政府與國際聯盟（1919～1928）》，頁 76～79。

條為依據提交國際聯盟，日本若以「程序不合」為藉口抗議，到時聯盟各國也愛莫能助，而且第 15 條對中國最有利的結果僅是：「聯盟國不向允從該報告書建議之國開戰。」，也無規定日本若不遵守報告書，則必須向其開戰，似乎國際聯盟只要完成了報告就了無責任了，即便山東問題尚未解決。〔註43〕

　　姚亞英主張山東問題應該採用第 20 條〔註44〕解決，因國際聯盟條約特別強調：「維持正義公道」、「擔保領土、政治完全獨立。」中國可藉此在國際聯盟會中質問規定歐戰後山東權利的《中日民四條約》與聯盟條約是否互相矛盾，中國是否負擔了不適當的義務？如果聯盟國認為《中日民四條約》與聯盟條約不矛盾且適當，那所謂的不適當條約和義務又是什麼？若說強權即公理的話，那麼又何必設置國際聯盟？若認定中國承擔了不適當的義務，則聯盟國應該負責解除和取消。《中日民四條約》一日不取消，中國就保留在國際聯盟上控訴的權利，也就是引用第 20 條規定若成功，中國將獲得超越山東主權回收的成就；若不成功，代表政治戰勝法律、聯盟條約不過是些廢紙，不能再對國際聯盟抱持期。更何況引用該約的前提對中國而言相當簡單：將近日日本所送的牒文，以：「中國既未簽對德和約，則該約 156 至 158 條，中日無討論餘地。」等理由斷然駁回，並提出《中日民四條約》是不正當的條約即可。〔註45〕

　　但姚亞英的評論其實不全然正確。首先，寶道已經對第 12、13、15 等條的公斷效力提出了質疑，引用第 15 條是假定「中國政府一定要透過國際聯盟公斷」，並非第 15 條是「萬中選一」，而是只能「出此下策」。而寶道未討論第 20 條的原因也相當明確，畢竟該條文並未談到論述核心的「公斷」，而且中國承擔的條約是否與國際聯盟條約矛盾，恐怕也不能由中國單方面認定，甚至得由國際聯盟公斷、裁決是否「矛盾」、「牴觸」。寶道於意見書的結論是認為中國當時「應該要仰賴的是道德的援助，並提請全世界的注意，並非認為國際聯盟可以幫助中國解決問題。總之，姚亞英只論及了寶道對第 15 條的

〔註43〕《北洋政府外交部》，〈山東問題〉，1920 年 3 月 15 日，中央研究院近代史研究所檔案館藏，館藏號：03-33-157-01-008。

〔註44〕條文原文如下。(一) 聯合會會員各自承認凡彼此間所有與本盟約條文抵觸之義務或協商均因本盟約而廢止，並莊嚴擔任此後不得訂立相類之文件。(二) 如有聯合會任何一會員於未經加入聯合會以前負有與本盟約條文相抵觸之義務，則應立籌辦法脫離此項義務。唐啓華，《北京政府與國際聯盟（1919～1928）》，頁 369。

〔註45〕〈山東問題〉，1920 年 03 月 15 日，03-33-157-01-008。

看法，而非寶道意見書的結論。雖然寶道認爲有效的辦法是「提請世界各國道德注意」，但該辦法於巴黎和會時已經採用，是效果有限、中國不一定會再度使用的方法；但寶道意見最大的貢獻，應是對「提交國際聯盟公斷」方案做出的詳盡研究，爲中國提出專業的建議。

四、寶道第二次提出意見

在姚亞英完成對寶道第一份意見書的評論前，寶道認爲當時輿論所提出的法律解決辦法不夠有效，因此再次書寫了一份意見書，主張依據政治與公正理由解決山東問題，並於 2 月 21 以函送給外交部次長陳籙。其研究動機原文如下：

> 關於山東問題實有各種解決之辦法，惟一般報紙之言論多以法律爲根據。竊以根於法律之論據皆甚爲薄弱，至若根於政治及公正之主張反覺較爲強健，其強健之處幾與法律論據薄弱之程度爲比例，如此持論，並爲攻擊中國之主張，實欲使中國政治將來在公斷法庭中對於反攻之論據知有所自衛。茲謹就管見所及繕具報告附送臺端，即希鑒核是幸。〔註46〕

寶道並自信的提升自己研究的效度，認爲無論中國採取與日本直接交涉、第三國協調、提交國際聯盟公斷的方式都可使用。因爲寶道認爲無論中國採用何種方式都必需要駁斥日本的主張、設定中國的目標、利用法律或政治論述、決定是否準備讓步的備案等。

（一）寶道對法律論述的意見

寶道將已知的「法律論據」分成四類分析：（一）由宣戰之結果廢除德國一切之權利。（二）未簽凡爾賽條約。（三）膠州之土地不得轉讓。（四）一九一五年五月二十五日之條約無效（民四條約）。〔註47〕

第一類論述認爲中國與德奧宣戰後，德國、奧匈帝國與中國既存的條約皆應廢除，並應歸還中國所有特殊權利，因此無能將德國舊時權利和利益讓

〔註46〕 《北洋政府外交部》，〈魯案政治方面論據較法律方面論據爲強又訴諸聯盟必須妥愼從事〉，1920 年 3 月 2 日，中央研究院近代史研究所檔案館藏，館藏號：03-33-152-02-004。

〔註47〕 〈魯案政治方面論據較法律方面論據爲強又訴諸聯盟必須妥愼從事〉，1920 年 3 月 2 日，03-33-152-02-004。

與日本。但寶道認為日本必以《中日民四條約》中，中國已承認日本繼承德
國的權利來反駁。寶道稱日本的論據以純民法觀點而言是有效的，但中國則
必會和日本爭論《中日民四條約》是否有效。至於日本的論述如何應付，寶
道將其陳述於意見書的後段。

　　第二類論述認為中國沒簽凡爾賽條約，因此條約中關於日本繼承德國利
益的部份無效。寶道認為該條約 156 至 158 條規定的是德國將山東權利讓與
日本，即便中國沒有簽字，對德日兩國而言並沒有影響。日本也可援引《中
日民四條約》作為後盾，屆時又回到該條約是否有效的爭論。

　　第三項論述依據的條文是 1898 年 3 月 6 日，關於膠州土地租借之中、德
條約第五款第二項之條文，內載德國向中國所租之地德國應許永遠不轉租與
別國。但寶道認為而該條款只能規範租地而已，山東鐵路及其他德國的權利
在法律上仍可轉讓，而且日本又可以援引《中日民四條約》中，「日本國政府
於現下之戰役終結後，膠州灣租借地全然歸日本自由處分之時，於左開條件
之下將該租借地交還中國……」等部份為依據。

　　第四項論述，亦為中國政府主要的法律論據，是將《中日民四條約》是
無效的條約，因為該約是在日本「最後通牒」的脅迫下被迫簽訂，〔註48〕中
國簽約並非本意。寶道認為強迫訂約固為事實，然而歷來條約如果不是「一
般最正當最礎定之利益及權利之承認」，就是由「強力及惡意強迫屈服國政府
訂約」；而且，中國若有能力強迫日本訂立條約撤出山東，中國必然視為完全
公正，但日本倘日後稱其簽約「並非其自由意志」所以應歸無效，中國是否
能接受？就算《中日民四條約》廢除，1918 年 9 月 24「膠澳新約」的換文又
能將其恢復效力，〔註49〕更何況該條約純粹出自於中國的自由意志。寶道認

〔註48〕　要求一至四號及福建款，限九日六時止，照二十二案完全承認，到期無滿足
　　　　答覆，即執必要于段。顧問、學校、病院用地、軍械、揚子鐵路、布教各款，
　　　　承認脫離此次交涉，日後另行協商。另交說明書，聲明如同意，仍允交還膠
　　　　州灣。種地改商租，惟須長期，年限到限，無條件續租。承認警稅，另密約。
　　　　《北洋政府外交部》，〈電告日使交最通牒之內容〉，1915 年 5 月 07 日，中央
　　　　研究院近代史研究所檔案館藏，館藏號：03-33-092-01-010。
〔註49〕　條文原文．帝國政府顧念貴我兩國間所存善鄰之誼，本和衷協調之旨，意將
　　　　關於山東省諸問題照左列各項處理，認為妥當。茲將此事特向貴國政府提議：
　　　　（一）膠濟鐵路沿線之日本國軍隊，除濟南留一部隊外，全部均調集於青島；
　　　　（二）膠濟鐵路之警備，可由中國政府組成巡警隊任之；（三）右列巡警隊之
　　　　經費，由膠濟鐵路提供相當之金額充之；（四）右列巡警隊本部及樞要驛並巡
　　　　警養成所內應聘用日本國人；（五）膠濟鐵路從業員中應採用中國人；（六）

為日本即使並未完全履行上述的條約，也只是給予中國要求完全施行的權力，不能改變中國簽訂《中日民四條約》的事實。

據此分析，寶道認為所有根基於法律的論據，一旦涉及《中日民四條約》皆無法成立，因為條約即便是在強迫下簽訂，也不能稱為是無效的條約。因此在寶道眼中，法律的論據非常薄弱，不如以政治上「和婉、公平、正直」的論據為強健。〔註50〕

（二）寶道對政治論述的意見與結論

寶道所謂的政治論述，其實是參與巴黎和會的中國專使所提出，在他眼中都是明顯、堅強及精妙的七項論述：（一）中國亦曾參加戰爭，故中國之權利應得有聯盟國同等待遇；（二）民族自決權之原則；（三）山東人民確定顯露之志願，不受日本之統治；（四）維持中國領土完全之原則；（五）維持口岸開放之原則；（六）日本永據山東，有礙中國獨立，發生政局之危機；（七）解決未來可能在遠東發生重大爭端之局勢，是有關世界之利益應行提議之宗旨。〔註51〕

因當時中國政府尚未對山東問題表示明確的立場，且寶道以為要使日本放棄青島、濟南等地的鐵路、礦產等一切之實業恐怕很難，因為國際聯盟也不能將所獲得的實物全數充公，無論如何，寶道認為當時及未來青島必是日本人佔了最優越的地位。因中國在巴黎和會中方要求德國權利全數歸還，甚至拒絕簽署條約，態度曾非常明確且堅決、無轉圜餘地，所以寶道認為中國政府要若要表示任何意見，不走極端就應行「溫和主義」（以結論判斷應是指提交國際聯盟公斷）。寶道認為極端政策恐怕不能全勝，難免部份失敗；但溫和主義則有成功的希望，只是不曉得為何中國輿論都不贊成。〔註52〕

膠濟鐵路所屬確定以後歸中、日兩國合辦經營；（七）現在施行之民政撤廢之。貴國政府對於右列之提議，其意向若何，敬希示復為荷。敬具。大正七年九月二十四日；日本帝國外務大臣男爵後藤新平印；中華民國特命全權公使章宗祥閣下。《北洋政府外交部》，〈中日關於處理山東省各問題換文〉，1918年9月24日，中央研究院近代史研究所檔案館藏，館藏號：03-33-182-03-001。
〔註50〕〈魯案政治方面論據較法律方面論據為強又訴諸聯盟必須妥慎從事〉，1920年3月2日，03-33-152-02-004。
〔註51〕〈魯案政治方面論據較法律方面論據為強又訴諸聯盟必須妥慎從事〉，1920年3月2日，03-33-152-02-004。
〔註52〕〈魯案政治方面論據較法律方面論據為強又訴諸聯盟必須妥慎從事〉，1920年3月2日，03-33-152-02-004。

最後，寶道將結論分為以下 6 點：〔註 53〕

（一）中國政府不應期待以純粹法律論據獲得美滿結果。

（二）應該援引政治公平及正直等理由為妥。

（三）目前很難給予明確的施行細則，但由上述兩點已經可知以下事情：（1）訴諸公斷對中國不利，因為該法庭多屬審判法律問題，只有在法律不能解決的事件，才會以公正的觀察進行仲裁。（2）按照國際聯盟條約第 12 條，訴諸聯盟會議與公斷無異，然而以目前輿論支持的法律論據而言，公斷對中國不利，所以應避免採用。

（三）透過國際聯盟條約第 15 條訴諸國際聯盟較為可行。因為該條規定的陳訴政治性質較重，但需注意另外注意三點：（1）中國必須加入國際聯盟才能使用，就是必須等待對奧和約生效。（2）最終的結果，只是產生行政院的一紙勸告，沒有任何決議，假如勸告有利於中國，日本又樂於承受，便可促進二國直接之協議。（3）如要採用此項陳訴，中國必須詳盡的表明其主張。

（四）亦可按照國際聯盟第 11 條規定訴諸國際聯盟。因為該條規定聯盟各國只要認為國際事件的結果足以危害和平或損害各國親善時，各國便可以友誼的名義提請大會或行政院注意。如此，中國於山東問題可以僅有政治論據，而不提及任何綱目及確切手段，就可提醒國際聯盟注意。因該約不指定考察該問題應循何種程序，也不明定解決的辦法（在寶道眼中似乎是解釋空間很大），若中國政府仍在猶疑是否要對山東問題提出明確要求，那麼最適合採用第 11 條規定。因為要施行的話，要由中日之外的第三國告知國際聯盟理事會或大會，所以中國或許要將山東問題拖延到美國批准凡爾賽條約之後，美國加入國際聯盟以後，中國必能得其援助。美國是發起國際聯盟的主要國家，到時候在聯盟中一定在最優越的地位；若得不到美國的援助，第 11 條就非可行方案。

（五）若 11 條無效，另可訴諸第 19 條，中國應以最短之節略致諸國際聯盟總秘書處，以便通知國際聯盟會議，並將辯護之任務委諸其代表一人或多人辦理。

（六）寶道認為無論訴諸國際聯盟條約第 15、11、19 各條，都應先與日本協商，即使不是正式的交涉，也聊勝於無。因為訴諸國際聯盟，必須等待

〔註 53〕〈魯案政治方面論據較法律方面論據為強又訴諸聯盟必須妥慎從事〉，1920 年 3 月 2 日，03-33-152-02-004。

對奧和約批准與實行，在此之前，應與日本虛與委蛇，延長時日以平日本之氣（以妨日本採取更激烈的行動），所以仍要回應日本的提議（日本於 1 月 19 日及 2 月 4 日兩度提出中日直接交涉的辦法。）〔註54〕再者，國際聯盟行政院及大會，恐怕也不能理解中國何以不先盡力直接協商，而直接陳訴於國際聯盟，歐美各國代表也不能理解中國輿論何以反對直接交涉，可能會視為無理的頑抗。更何況，日本代表在行政院或大會中，必然表明日本政府已經表示極端友誼、極端溫和的態度向中國政府提議直接交涉，以實踐在巴黎及東京各大臣發表的約定，國際聯盟根本不必干涉等等。

因此，寶道認為中國如必然要訴諸國際聯盟，則需要妥善、謹慎的進行，使他人無可非議。而在選定任何辦法以前，應透過非正式或半正式的談判，得知日本的行動傾向及真實意圖，日本要是表示難以得到滿意的結果，中國也就能訂定到底該向國際聯盟上訴何種事情，也知道透過哪種程序訴諸國際聯盟對中國最有利。

（三）對寶道第二次意見的評價

寶道第二次意見日後並沒有被提出來特別討論，這可能與意見書的結論有關係：首先，此份意見書的結論大部分與上一份類似，如透過公斷相關法規訴諸國際聯盟不利、應該採用國際聯盟條約第 15 條、中國方面必須提出明確的要求等。但如前所述，外交部人員姚亞英反對採用第 15 條，並主張採用第 20 條。再者，寶道的意見書卻提出了一個中方難以接受的意見：「應與日本直接交涉」，即便是以「探查對方行動及真實意圖」為名，光「將與日本交涉」的傳聞，自 1920 年 1 月起就受到強烈的反對及抗議，恐怕政府難以採行。況且，因為在輿論及日本壓力間左右為難，政府有一段時間似乎有意採取拖延，等待局勢發展的態度，〔註55〕這些因素可能導致了政府不願積極的回應意見書。

然而，透過日後中國政府的決策，和各部官員的意見來判斷，寶道其實提出了若干有用的意見。

如 1920 年 10 月拒絕對日直接交涉，積極籌備山東問題提交國際聯盟後，仍重視是英、美、法、義等國的立場，指示駐各國公使，秘密的向各國政府

〔註54〕 中央研究院近代史研究所編，《中日關係史料：山東問題（上）·中華民國九年至十五年》，頁 2、27。
〔註55〕 石源華，《中華民國外交史》，頁 180。

及公法專家探尋意見，詢問是否國際聯盟能受理中國的提案，擔任國際聯盟全權代表的顧維鈞也持相同的看法，除特別重視美國的態度外，他反對將《中日民四條約》先於山東問題提出時，認為中國可以透過國際聯盟條約第 11 條及第 15 條提出山東問題，但要先行提出或等時機成熟則要再議，在擬定提出的聲明稿中，最後決定以「關係中國極大之數項問題，足以牽動國際間之友誼者」，引用第 11 條規定，請求大會或行政院注意。中國密聘的國際聯盟法律顧問籃辛（Robert Lansing，1864～1968）在與顧維均的談話中表達了與寶道相同的看法：中日無直接交涉，可能會成為國際聯盟拒絕受理案件的理由，而且美國共和黨若在近期的大選勝出，對中國會有很大的助力。國際聯盟秘書與顧維均的會面時，也認為中國可以透過國際聯盟條約第 15 條向行政院提案。外交部和約研究會第三次會議時，也確認了《中日民四條約》是日本繼承德國山東權利的重要法理依據，中國也不能抵賴其不存在，加上該會認為山東問題無法遠援引國際聯盟條約，所以考量是否要透過國際聯盟條約第 19 條，改提交國際聯盟的議案為解除與聯盟精神違背的《中日民四條約》，如此山東問題在法理上才對中國有利。〔註 56〕

雖然最後中國因故並未在 1920 年國際聯盟第一次大會中提出議案，〔註 57〕並且是在 1921～1922 年的華盛頓會議中，經由各國的調停得以大致解決，使得寶道與許多人對提交國際聯盟的種種猜想無法對證。但寶道在意見書中提及的許多問題，以及可行的對策均為日後各方人士所提及或採納，表示寶道的意見書其實切中了許多要點，成為中國決策的重要助力。

第二節　對新成立國家與無約國交涉的意見

1918 年到 1920 年歐洲四個帝國解體，許多新的國家成立。對於中國該如何與這些國家交流，或是如何應用這個機會，達到長久以來收回治外法權與廢除不平等條約的目標，寶道在歐戰結束前就已經提出了部份的意見，然而當時中國無暇回應，直到戰爭結束後才著手處理。

〔註 56〕 《中日關係史料：山東問題（上）・中華民國九年至十五年》，頁 216、272、273、274、288、298、279～283；唐啓華，《北京政府與國際聯盟（1919～1928）》，頁 81～85。

〔註 57〕 中國決策的過程可詳見：唐啓華，《北京政府與國際聯盟（1919～1928）》，頁 88～94。

一、俄羅斯帝國分裂的影響

俄羅斯帝國爆發革命後，寶道認為「俄邦分裂已成事實，所有從而發生問題，既甚繁難亦關重要」，所以自稱站在中國政府的立場進行分析，〔註58〕並在1918年5的月10日及30日向中國政府提交了兩份說帖，提出俄國亂事中他認為必須注意的一些事情。

在第一份說帖中，寶道先就他所認知的俄國情況進行描述。他認為俄國革命對中國最深的影響，是舊稱「帝國之俄，事實上之分裂」，地理上自北而南，分裂為芬蘭、立陶宛、波蘭、烏克蘭等部份。中國政府應該注意者有二，其一是「國籍問題之影響」，也就是前列舉之俄國境內四個部份既然都稱離俄而獨立，「所有各地之住民，非復俄國之人民」。要鑑定新取國籍之事，雖然寶道目前尚未明瞭，但他指出「現在中國所猶視為俄人者，其中大部已不屬於俄籍，而自動歸於新造之國籍矣。」〔註59〕

寶道認為第二個問題是「條約問題」。他認為俄國的分裂，分裂部份各自成為獨立國家，與瓜分波蘭、武力併吞、殖民地分離母國獨立等事情不同；是「純出於自動者，則未之前見，故法律上無先例可徵。」不過，他另外也指出，目前國際法學家已對此問題進行理論研究，結果是：「由一國肢裂而成獨立國，不為分裂以前，約束該國條約所束縛。」寶道的詮釋則是：

> 新成立之國家，純為新生之物。其於從前條約，既未形諸約文，亦非締結當事，自不能為此條約所束縛，且此等新邦，既非繼其舊國政府而立國，自無繼承其政治上契約之理。南美洲西班牙殖民地之獨立也，不復為從前西班牙所締結各種條約所束縛，即此理矣。〔註60〕

此外，寶道認為1918年2月9日《烏克安尼條約》中的規定：烏克蘭與德奧兩國間經濟之條約，應引用1894、1904、1906年俄國與德奧兩國簽訂的通商與行船條約，是代表上述三個年度所訂立的條約，經由新條約再度引用前都是廢棄的狀態，所以國際法學家對這種分裂國家的觀點應是可信的。因此他建議中國政府要附合這種說法，如此中國在領事裁判、通商、行船等事情，

〔註58〕 《北洋政府外交部》，〈俄亂事〉，1918年5月21日，中央研究院近代史研究所檔案館藏，館藏號：03-32-033-03-013。

〔註59〕 〈俄亂事〉，1918年5月21日，03-32-033-03-013。

〔註60〕 〈俄亂事〉，1918年5月21日，03-32-033-03-013。

可「恢復其完全行動之自由」，而且關稅部份，新成立國家也必須接受 1917年 12 月 25 日中國設立的普通關稅。〔註61〕

最後寶道也指出，中國若將對新成立各國的態度對外通告，是代表對俄國內部問題毫無偏袒，只是藉國境外發生之事情，為保守將來之權利而已，對中國前途、俄國本部、新成立各國採定的行動標準均毫無妨害，只是一種未雨綢繆的策略。若情勢有所變遷，中國也可隨之改變態度。但與新成立國的條約關係，必須防止他們要求享受先前中俄兩國條約中的各項特殊利益（如領事裁判權）。〔註62〕

數天後寶道自郵件中取得了俄國的新情勢，因此書寫了第二份說帖。寶道在該說帖中稍微更新了一下他的論述，他以 1918 年 3 月 7 日，德國與芬蘭已經簽訂條約，德國聲稱將盡力使芬蘭獨立自主的事情，是芬蘭獨立「確然成立」的證明；立陶宛、烏克蘭、波蘭、俄國與中歐 4 強（德、奧、保加利亞、土耳其），已經在 4 月簽訂《布列斯特－立陶夫斯克條約》（Treaty of Brest-Litovsk），其中第 3 條已經議定國界這一事情，是上述 3 個地區已經不屬俄國主權，而且俄國政府已經承認他們獨立的證明。上述兩個事情，應是寶道強化前一篇提到，「新成立各國，不能享受俄國利權」這一事情的證明。除此之外，寶道認為中國應注意土耳其斯坦（中亞南部）與高加索獨立運動，若德國鼓動的土耳其斯坦獨立成功，則新成立國家將與中國接壤，而中國也必須設法不准其要求繼承俄國在中國的特殊權利。雖然只是未雨綢繆，但寶道認為中國宜盡早宣佈對新成立各國的態度，以免為對方趁機要求。〔註63〕

然而，寶道的意見書因故並沒有立即受到重視，直到歐戰過後，中國政府方意識到需對新成立國家，和許多僑居在華的外國人身份轉變的兩議題擬定方針。1919 年 4 月初經國務會議決議，由外交部會同內務、司法、財政、農商等部開始協商處理該議題，4～5 月之間，各單位進行多次會商後擬定了一些相關的草案與條例。〔註64〕就在一份由外交部上呈國務院的文件中，出現了寶道這次意見之所以不受用的可能原因。

〔註61〕〈俄亂事〉，1918 年 5 月 21 日，03-32-033-03-013。
〔註62〕〈俄亂事〉，1918 年 5 月 21 日，03-32-033-03-013。
〔註63〕《北洋政府外交部》，〈俄事〉，1918 年 5 月 30 日，中央研究院近代史研究所檔案館藏，館藏號：03-32-033-03-016。
〔註64〕唐啓華，《被「廢除不平等條約」遮蔽的北洋修約史（1912～1928）》，頁 73～75。

外交部在 4 月 9 日、11 日與各部會初步會議中，與寶道的意見書一致，認為需注意「防止新訂約國家要求特殊待遇」、「無約各國訂立條約應以國際平等原則一節」，但上述兩點，在清末光緒年間已經是既定方針，〔註65〕所以寶道的意見最多只是提醒，而且文件中也提到施行方面上的難處：

> 以司法論，無約國人有有犯法行為，原應照中國法律判罰；有約各國使領往往強加保護，甚至匿庇罰犯不肯交出，雖與援理交涉終歸無效。以稅課論，無約國貨物行銷中國，原應按照國內現行稅則一律抽稅；往往有無約國之貨物，而辦貨人係屬有約國人民；或雖係無約國人民所辦，而為希圖減輕稅釐起見，委託有約國人民代為辦理，有約國使領即可藉口條約代為出頭干涉。是表面上徒有不准第三國保護，而實際上仍與承認保護無異。凡此種障礙應即時設法消弭，以免未來掣肘。〔註66〕

由此可見，即使寶道在法理上提供了中國很好的理論依據，而中國方面也對法理有所瞭解，但是實際面對的問題卻可能是政治的難處。即使有約國在保護無約國人時完全在法理上站不住腳，但是可能會進行「強行保護」，此時該如何應對？寶道的意見書並無分析。而寶道的立論基於 1918 年德奧同盟國主持的幾個國際條約，以及背後所代表的法律意義，但在中國政府著手處理的 1919 年時，同盟國已經戰敗，同盟各國所主持的條約是否仍有效，也就是寶道理論成立的關鍵也需要再商榷。這兩點不足，加以寶道提出意見之時，中國方面也沒有處理無約國及其人民的計畫，以上可能就是意見書未獲回應的原因。僅有「因舊國家分裂，而新成立的國家，不能享受以往條約權利」這點，透過檢視日後中國與芬蘭、波蘭、捷克等國的訂約的交涉情況，可知已為中國官方所接受。〔註67〕

二、對待新成立各國的方針

雖然不見對意見書的回應，寶道仍持續關注新成立國家與在華外國人身份轉換的議題，加以寶道對 1919 年 4～5 月間，中國政府公佈許多規範無約

〔註65〕唐啟華，《被「廢除不平等條約」遮蔽的北洋修約史（1912～1928）》，頁 74～75。

〔註66〕《北洋政府外交部》，〈對待無約國辦法〉，1919 年 4 月 14 日，中央研究院近代史研究所檔案館藏，館藏號：03-34-009-01-007。

〔註67〕唐啟華，《被「廢除不平等條約」遮蔽的北洋修約史（1912～1928）》，頁 310～311。

國人民的規章也有所意見，因此他以「中國與由俄國、奧匈帝國分裂而新立各國之交際」爲題重新擬定了一份意見書，於 1919 年 5 月 25 日交給中國政府。

　　寶道在意見書中重述了俄國、奧匈兩國分裂的現況，接著敘述當時國際法上，對於「脫離國」及「分裂國」的定義，及這兩種國家是否能繼承母國，或未分裂時與其他國家所訂立的條約。寶道認爲中國已經大致確認了對 11 個重要且與中國無條約關係國家的處理原則，即以「所有無約各國與中國彼此訂約者，當以平等爲原則」、「脫離母國另建諸邦，當然不能繼承其祖國昔時條約上各種權利」，「各種族人民現僑居中國境內所有課稅、訴訟等事，應遵守中國法令」，「第三國要求要求代爲保護利益之事，應即報成案，一律拒絕。」並由大總統下令政府各機關應儘速釐訂具體規章。〔註 68〕中國政府所訂的原則與寶道前兩份意見書並無衝突之處；然而，寶道反而開始懷疑是否能在新條約中收回利權，甚至是否有必要立即收回利權。

　　寶道指出，若這些國家願意根據平等原則與中國訂立通商條約，當然要即刻答應，不可錯失時機；但是，他認爲當時可能會放棄權利的國家，只有希望儘速恢復中國商務的德國，即使奧匈帝國也視協約國與該國的和約如何簽訂，「是否願意減輕其經濟上的痛苦」才能判斷；如果協約國有所讓步，使得奧匈帝國「無侍外援」恐怕也難以收回。至於其他無約國，要讓他們願意讓自己的僑民與多數在華外國人不同，可能也不容易，特別是曾與中國同爲協約國，以及在中國有較多僑民的捷克、波蘭、希臘、羅馬尼亞以及可能成立的烏克蘭等 5 國。寶道認爲，若中國尚未與這些國家訂約，這些國家的僑民必然會請求其他有約國政府保護，因爲部份國家的僑民認爲曾經與中國共同作戰，應該要以友誼相待；還有，不能接受反抗帝國的壓迫與民族自立以後，在外國的地位還不如未獨立之前。在寶道眼中第 2 個理由對捷克、波蘭兩國而言特別重要，因爲英法兩國已經透過條約，給予該兩國優待。〔註 69〕

　　意見書中也指出：法理上，有約國人民代表無約國人民與中國政府交涉，不代表中國政府承認，無約國人與有約國人享有相同的權利。目前中國政府

〔註 68〕《北洋政府外交部》，〈管理無約國人民案〉，1919 年 4 月 27 日，中央研究院近代史研究所檔案館藏，館藏號：03-34-009-01-002。

〔註 69〕《北洋政府外交部》，〈辛博森治外法權特別報告等件及寶道等中國與新立各國交際說帖請查核見復由〉，1919 年 11 月 26 日，中央研究院近代史研究所檔案館藏，館藏號：03-34-001-02-020。

也採納這樣的說法，並且打算立法禁止；但是他無法確認以後的國際法是否會認同中國的做法。而且寶道亦懷疑和無約國不處於法律平等之前，中國不與其訂條約的作法能否長期實行。因爲中國尚有許多正當主權正等待收回（山東及各地租借），而尚未與中國訂約的許多國家，寶道認爲不僅是 2 等國家（此指僅次於列強的國家）中的重要成員，而且可能是將來在國際聯盟中，傾向自由、民治思想，會協助中國收復主權的國家。〔註70〕

所以，寶道建議中國與波蘭、捷克等國進行直接的協商，以求取得完全的利益。新成立的國家，在中國沒有勢力範圍、駐兵，也沒有電報、郵政等利益；訂約困難之處只有領事裁判與關稅而已，而且中國在巴黎和會提出希望條件時，〔註71〕也承認上述兩者不能立即取消。既然如此，只要這些國家不要求無期限的領事裁判權，中國方面提出的條件也合情合理，政府可以考慮議定條約時，在領事裁判權與關稅優待兩事上稍微讓步。只要其中一國條約議定完成，即可成爲與其他國家訂約，還有和有約國交涉的範例，然後中國在和會上提出的希望條件，就有希望一一實現。寶道並在文末附上了一份自己擬定的草案：〔註72〕

> 中國與波蘭或捷克之政府議定以後，訂立國際條約當以平等及互相之原則爲基準。爲過渡辦法，並促進兩國友誼，雙方議定允關於波蘭或捷克兩國人民之訴訟案件在中國國內，此後五年期內當與下列規則審理之：所有民事或刑事案件，倘遇波蘭或捷克民國人民爲被告時，應由波蘭或捷克政府所設領事審理。所有民事或刑事之案件遇中國人民爲被告時，應由中國審判廳審理原告或被害。此之政府官吏對於訴訟程序或判決皆不得干涉。關於兩國商務，未有完全規則時。雙方議定在五年期內，在波蘭或捷克民國之中國貨物及在中國之波蘭或捷克民國之貨物，於輸入稅率應享有最惠優條件。〔註73〕

〔註70〕　〈辛博森治外法權特別報告等件及寶道等中國與新立各國交際說帖請查核見復由〉，1919 年 11 月 26 日，03-34-001-02-020。

〔註71〕　包含「捨棄勢力範圍」、「撤退外國軍隊巡警」、「撤退外國郵局及有線無線電報機關」、「撤銷領事裁判權」、「歸還租借地」、「歸還租界」、「關稅自由權」等 7 項。唐啓華，《巴黎和會與中國外交》，頁 218。

〔註72〕　〈辛博森治外法權特別報告等件及寶道等中國與新立各國交際說帖請查核見復由〉，1919 年 11 月 26 日，03-34-001-02-020。

〔註73〕　〈辛博森治外法權特別報告等件及寶道等中國與新立各國交際說帖請查核見復由〉，1919 年 11 月 26 日，03-34-001-02-020。

綜觀意見書，寶道的著眼點是相當政治性的：暫時給予新成立國家治外法權、關稅特權，是要增加訂約的成功率；與這些國家盡早訂約，則是因為這些國家可能會在日後的國際聯盟中支持中國，藉此給予有約國壓力，以限定期限的方式讓中國收回有約國的利權，還有透過這些國家的支持，完成所有在「巴黎和會」中提出的希望條件。其實寶道意見書中，主要的目標仍在巴黎和會的議題上，和新立國家的交際則是完成目標的「手段」。但此時中國政府的外交「目標」卻是較為貼近第 1、2 份意見書的態度，即和「新立各國簽訂平等新約」，並「防止新立各國人民，要求特殊待遇」。看不出有利用這些新興或是無約國家的壓力，完成其他政治目標的企圖，這點最終影響了這份意見書的命運。

　　寶道的意見書於 5 月 26 日與另一份「山東問題節略」意見書一同送交給中國外交部；但因故並沒有盡快的翻譯成中文，或者是交給相關部門討論，直到 1919 年 10 月 20 日，外交部次長陳籙委託寶道更仔細的研究未簽署凡爾賽條約的前提下，中德關係如何解決時，寶道才以「看報紙得知，中國將與捷克，波蘭，希臘，羅馬尼亞等國訂約」，「有一份備忘錄也許次長有興趣」為理由，將上述的說帖再次提出。而外交部此時才決定「迅即譯出以復」。〔註 74〕說帖的翻譯和分析的任務後轉交給外交部政務司長王繼曾等研究外交委員，並且和辛博森寫的兩份〈治外法權特別報告〉及登在英文《北京日報》的社論〈新國條約〉相互對照。〔註 75〕

　　研究外交委員的意見最終寫成了一份意見書，於在 11 月 24 日與翻譯完成的辛博森特別報告及社論、寶道意見書等，一同由國務院轉給外交部作最後的討論。研究外交委員的意見書指出：寶道的草案與「中國現在國情是否相宜，亟應詳加研究」，委員認為無約國是否有以平等互相原則對待中國的意願，和中國與對方訂約的意願應該分開討論，更何況以平等及互相之原則為訂約根據，才對提昇中國國際地位比較有利。即使無約國因為在中國沒有其他有約國一樣的特殊利益，因而不願與中國訂約，屆時才需要「權衡輕重，因機相應」，而這樣的論點也為另一顧問辛博森的「治外法權特別報告」所背

〔註74〕　《北洋政府外交部》，〈條陳事〉，1919 年 10 月，中央研究院近代史研究所檔案館藏，館藏號：03-34-010-01-004。

〔註75〕　唐啓華，《被「廢除不平等條約」遮蔽的北洋修約史（1912～1928）》，頁 76；〈辛博森治外法權特別報告等件及寶道等中國與新立各國交際說帖請查核見復由〉，1919 年 11 月 26 日，03-34-001-02-020。

書，〔註76〕因此委員對寶道的意見下了「不合國情」的批判：

> 蓋領事裁判權之危害，不僅我國人民在法律上受兩種之待遇，即享
> 有領事裁判權國家之人民，亦咸感其不便，記以法廳受理關係外人
> 之訟案，苟非狡點之徒，來有不以受我國法廳裁判，較受其本國裁
> 判較爲便者。可見此事惟在享有此權之國家視此爲特殊權利，不欲
> 輕爲拋棄而已。且此項領事裁判權，對於有約各國，我國現正籌備
> 收回。則對於將來擬定約各國，自不宜積存顧慮，示弱於人。〔註77〕

最後認爲寶道的意見，「似只可作爲將來磋商之讓步」，不予全部採納；而接
受了辛博森「在與新立各國中之一國，訂一無領事裁判權之標準條約」的意
見，認爲其「誠爲扼要之言」。〔註78〕而數日後，外交部討論的結果，也接受
了「研究外交委員」等人的說帖「尙屬合宜」。此後，中國政府確定了與新立
各國訂約的方針，必須在法律上完全平等。〔註79〕

　　寶道在「新成立國家與無約國交際」的議題上甚早提出了意見，但不合
當時政府重心所在而不受關注。不過寶道鍥而不捨的關注這個議題，並且修
改自己的意見書，直到得知中國政府著手處理時，才委婉的再度上呈給外交
部。他的外交策略：以儘快拉攏各個歐洲無約國，在政治上對有約國施壓的
方式，達到收回各種權利的效果，因爲錯判中國決策者的「自尊心」：他們認
爲中國的法治改良已經頗有成效以及聲譽，沒有必要自貶身價；以及「優先
順序」：中國的決策者，是希望藉此機會盡可能的收回治外法權；對於有約國
及和會的議題，則要是日後採取直接交涉的方式處理，最後導致了不被採納
的結局。但不能否認寶道對該議題有先見之明，而主動爲中國政府未雨綢繆
的精神也值得肯定，即便最後提出的建議不受採納，甚至有所風險。〔註80〕

〔註76〕〈辛博森治外法權特別報告等件及寶道等中國與新立各國交際說帖請查核見
　　　　復由〉，1919 年 11 月 26 日，03-34-001-02-020。
〔註77〕〈辛博森治外法權特別報告等件及寶道等中國與新立各國交際說帖請查核見
　　　　復由〉，1919 年 11 月 26 日，03-34-001-02-020。
〔註78〕〈辛博森治外法權特別報告等件及寶道等中國與新立各國交際說帖請查核見
　　　　復由〉，1919 年 11 月 26 日，03-34-001-02-020。
〔註79〕唐啓華，《被「廢除不平等條約」遮蔽的北洋修約史（1912～1928）》，頁 76。
〔註80〕1917 至 1918 年間，中國曾爲了加速與瑞士訂約，以設立使館蒐集歐戰情報，
　　　　所以在瑞士要求的附件中明文給予領事裁判權，結果到了 1946 年才得以換文
　　　　收回。唐啓華，《被「廢除不平等條約」遮蔽的北洋修約史（1912～1928）》，
　　　　頁 60～62。

第三節　對中德恢復和平的意見

中德外交關係可說是在 1861 年簽訂《天津條約》後開始的。普魯士王國及日後發展成的德意志帝國，相較於英、法、俄、日等列強，對中國而言曾是相對友善的外國勢力，而且軍事和科學技術卓越，輔以其快速崛起的過程，不僅成為許多中國人心中效法的對象，部份中國官員也試圖引進其勢力來制衡其他列強，如自強運動中引進了德國軍事技術、器械、顧問，貿易進口額一度僅次於英國，兩國和睦的關係一直到巨野教案（1897）和八國聯軍戰役（1900）才停止。然而德國對外交孤立的而且有巨大工商業市場的中國一直保有不小的興趣和需求，使得德國無法長期維持帝國強權的姿態。因此德國在一些場合做出了讓步，如在「善後大借款中」率先、單放面的給予北京政府 600 萬馬克的貸款，又放棄了在山東修建更多鐵路的權利，歐戰時期為免在山東財產落入協約國手中，甚至提出將青島租借交還給中國的方案，並且試圖發展中德「文化關係」（主要是辦學）來取代炫耀武力，希望透過此管道培養親德華人，和拓展中國市場。〔註81〕

然而，德國的策略未能成功阻止中國加入協約國、與德國進入戰爭狀態、收回其天津租借、沒收大部分德國商人的財產（約 300 間商家）、捕獲德國的商船。〔註 82〕在中國並非無人反對參戰，然而青島為日本所佔，似乎要參與戰後和會才有可能取回，而且參與歐戰不僅能收回德奧兩國的在華特權，還可能向協約國列強要求取消特權，總之，中國透過參戰可能的收穫遠大於德國所能提供的利益；但「巴黎和會」的結果卻讓中國大失所望，德國在青島的權利被讓渡給日本，使得中國代表拒簽對德和約：《凡爾賽條約》，因此中德關係另尋他法處理。

有關中德關係善後事宜，經國務院決議後，由外交部召集院、部及所有相關機關，派員組織臨時委員會（後成立「院部處委員會」），到外交部討論，委員會於 1919 年 8 月 10 日開始開會。1919 年下半年，因為山東問題如何善後產生了是否需要補簽《凡爾賽條約》的問題。一般民眾普遍反對與日本直接交涉，顧維鈞與陸徵祥以協約國重要成員美、法仍未批准，而且 8 月時美國上議院仍反對該約，國際局勢有利中國，因此應該等待，並於 8 月 21 日提

〔註81〕柯偉林著，陳謙平等譯，《德國與中華民國》（南京：江蘇人民出版社，2006），頁 8～16。

〔註82〕柯偉林著，陳謙平等譯，《德國與中華民國》，頁 15。

出可行辦法三種：（一）待美國保留山東條款後，中國援例要求保留。補簽德約，待美國與各國重行磋商辦法，或可得較優結果。（二）若美國批准全約，再予日本交涉。（三）如認為與日本直接磋商為不利，或磋商後無效，則向國際聯盟提案。10 月時，顧維鈞得知美國單獨與德國商議和約，更堅決反對承認《凡爾賽條約》，力主中國與德國單獨議約。〔註83〕

但外交部次長陳籙似乎對上述方案有所疑慮，因此邀請寶道研究「與德國重立交涉及急待解決之各種事件辦法」。寶道的意見書於 10 月 28 日送達外交部，並於 11 月再補上了一份信函給外交部次長陳籙。〔註84〕

一、寶道意見書的內容

寶道的意見書雖有兩份，但依內容可分為以下四要點：

（一）駁斥錯誤觀念

寶道認為中德的新關係如要確保《凡爾賽條約》列載的中國利益，〔註85〕不是透過《凡爾賽條約》處理，就是要與德國單獨談判。他指出部分輿論認為：『不必簽《凡爾賽條約》，更不需要與德國談判，只要透過總統發佈命令，德國僅能遵從。』是不正確的觀念，因為德國目前雖然缺乏軍事實力「另作

〔註83〕 唐啓華，《被「廢除不平等條約」遮蔽的北洋修約史（1912～1928）》，頁 85～89。

〔註84〕 《北洋政府外交部》，〈中德恢復和平事〉，1919 年 11 月 24 日，中央研究院近代史研究所檔案館藏，館藏號：03-23-046-02-023；《北洋政府外交部》，〈解決中德邦交問題〉，1919 年 11 月 18 日，中央研究院近代史研究所檔案館藏，館藏號：03-23-046-02-019。唐啓華的著作中有對寶道意見要點進行陳述，但本文既以寶道為主要分析對象，所以傾向較詳細的陳述寶道立論的過程與結果。詳見唐啓華，《被「廢除不平等條約」遮蔽的北洋修約史（1912～1928）》，頁 88～89。

〔註85〕 寶道列為 13 項如下：一、各條約之廢棄、二、德國自將由 1901 年草約所得之利益拋棄，如所剩拳匪賠款及在北京至海一帶建立兵營之權利、三、拋棄值百抽五之關稅利益、四、拋棄若干經濟之租讓、五、拋棄天津及漢口之自治租借、六、拋棄治外法權之利益、七、將德國在華之所有公產交與中國、八、追認中國拘取之德國商船之懲判、九、拋棄在被中國政府查封及變賣之德國私產上可作之要求、十、尚被查封之私產及已經變賣之所入之處置權、十一、中國因戰事所定損失之賠償、十二、自 1917 年以來被中國國庫扣留之德國人民所有之公債票，及國家借卷等鉅款之處置權、十三、處置戰前有約之德人欠華人，或華人欠德人之各種私債之方法，就中如債務上錢價之規定是也。《北洋政府外交部》，〈中德恢復和平事〉，中央研究院近代史研究所檔案館藏，館藏號：03-23-046-02-023。

他計」，又期盼早日與中國友好通商，就其經濟實力和人民品格而言仍是一強國，即便其願意平等對待中國，也不會讓德國在華地位任憑中國獨斷處置，必然會進行抗議。〔註86〕

　　寶道更以為，那些人認為「德國對中國獨斷的行徑，除了抗議以外別無他法，因此容易解決」也是錯誤觀念。以德國的領事裁判權來說，該權戰時已經廢除，並由中國大總統授權中國審判廳管理，若德國不承認已經廢除，除了在北京的德國利益代表人能抗議（如荷蘭使館），在華德人如果住在他國租借，也可能拒絕中國法律的提訊，上海德國領事未取消的德國領事法律，更可能會持續審判有關德人之案件。中國政府抗議的話，想必德國會要求與中國政府商酌辦法，結果仍是要與德國進行談判。中國所欠德債務亦同，中國本欲將該款挪為賠償國家及國民損失，萬一德國不允許，要求仍須還款，或將轉歸國際賠償委員會，中國的獨斷辦法必不可行，因為法律上國家也如民事債務欠債人，不能自行解除因合同而產生的債務，只要德國一日不承認中國的辦法，中國就一日是債戶。問題中最棘手的是變賣德產，中國必然面對德國人民、德華銀行的抗議、要求查究評斷管理敵產人員之帳目，或要求賠償或等值補償，爭端若投訴到國際仲裁委員會或國際聯盟，中國又以「仿照協約國作法」回應，對方恐怕會回應「協約國的作法有條約背書」，因此要求中國賠償因獨斷命令造成的德國及其人民損失。〔註87〕

　　這些爭端可能對中國而言並不是極為嚴重，但寶道認為可能會產生大量的爭端，無論是論政府對政府、個人對個人、個人對政府，都可能發生反覆不窮的爭端，似乎不是恢復中德友誼的好方法。〔註88〕

（二）單獨談判或藉助《凡爾賽條約》的利弊分析

　　就如前述，寶道認為解決中德爭端不是透過《凡爾賽條約》，就是得和德國直接談判，最後由條約來建立兩國的關係。〔註89〕因此寶道便針對兩方案的利弊進行分析。

　　寶道認為中德單獨談判是可行的，而且德國會在政治條款上有多讓步，像是領事裁判權廢止、取消北京至海口一帶駐防權利、天津漢口租借交還。

〔註86〕〈中德恢復和平事〉，1919 年 11 月 24 日，03-23-046-02-023。
〔註87〕〈中德恢復和平事〉，1919 年 11 月 24 日，03-23-046-02-023。
〔註88〕〈中德恢復和平事〉，1919 年 11 月 24 日，03-23-046-02-023。
〔註89〕〈中德恢復和平事〉，1919 年 11 月 24 日，03-23-046-02-023。

會有困難的是經濟、財政、海關等條款，因爲德國當時的預算吃緊，又需交付《凡爾賽條約》規定的鉅額賠款，加上「德人深知」（寶道無提供根據）恢復國外商務才能恢復國內經濟，中國又是營業要點之一，即便必然會設法重新與中國交好以重新進行商務，也必然會全力挽救在中國的所有資本，加上近日中國在國際上孤立無援，以如此國勢和德國交涉，恐怕交涉艱難、冗長、結果仍極微薄。〔註90〕

若透過《凡爾賽條約》則能直接解決廢止領事裁判權，關稅、租稅、租借、1901 年條約、更子賠款、公產、私產查封及變賣船舶、沒收等和德國直接交涉必會發生爭執的問題，不僅解決能中國當時財政問題，〔註91〕即使條約德國認爲「苛虐」或因履行條約而發生爭執，也是歐美等訂立《凡爾賽條約》的國家需負責，甚至能得到他們的協助。因此寶道主張透過《凡爾賽條約》解決中德關係，因爲除了山東各條款外均能得到較好結果且效率較高。〔註92〕

問題是，中國並未簽署《凡爾賽條約》，能否享受其所規定的利益？寶道認爲並無問題，他以《凡爾賽條約》條約第 128 條至 134 條之原文，及中國代表之姓名仍列在條約之首篇爲證，若各協約國將中國完全置諸條約之外，早就將上述兩部分刪除，所以可認爲協約國承認上述各條與其餘款有同等價值，用以限制德國在遠東（及世界其他地區）的活動。此外，寶道亦引用《凡爾賽條約》條約第四篇「德國在其國外之權利利益」第118 條〔註93〕爲證據，他認爲條文中「與所有第三國」一詞爲關鍵，那代表即使未參與和會的國家亦可適用該篇規定。更何況條約第 355 和第 374 條，也規定了瑞士與荷蘭兩個未簽約國的權利，沒派代表參與和會的俄國，也享受了第 115 和117 兩條還強制取消了德俄《布列斯特—立陶夫斯克條約》（Treaty of Brest-Litovsk）的利

〔註90〕〈中德恢復和平事〉，1919 年 11 月 24 日，03-23-046-02-023。
〔註91〕中國自清末以來財政狀況就沒有起色，加以民國成立以後軍閥割據，截留地方稅款，又先後發生幾次內戰，中央政府幾乎靠舉債度日。楊陰溥，《民國財政史》（北京：中國財政經濟出版社，1985），頁 1～31。
〔註92〕〈中德恢復和平事〉，1919 年 11 月 24 日，03-23-046-02-023。
〔註93〕「在歐洲以外，德國當捨棄在其屬地內及聯盟國屬地內所有權利或特權，並當捨棄其對於協約國或共團作戰國所有任何名義之權利或特權……」、「協約國及共同作戰國爲解決因上述規定所發生問題，或有與第三國商定辦法，德國允即承認之。」〈中德恢復和平事〉，1919 年 11 月 24 日，03-23-046-02-023。

益。綜觀上述條約，寶道認為：「第 128 至 134 條規定之用意，實欲使各參戰國知正當要求得以滿足，不論其因何事故或未能派遣代表，或未能簽約均無所礙也。」，也就是中國應能正當的享受條約帶來的利益。〔註94〕

（三）具體的解決方法

最後，寶道以為民法中的「為他人訂約」原則，最適合中國用來解決中德關係。他稱該原則即：「甲與乙訂約，使乙對丙有應盡義務，而丙自身並不與約，且不知情也。」，具體例子就像：「將款交付保險公司，用為第三者之終身利息，此種契約惟付款可與公司同署名，而第三者並不三與契約，亦並無不生效力。第三者僅可享其利益也」，而且該原則也普遍載於各國法典，如法國拿破崙法典第 1121 條、德國民法典第 328 條至 335 條、瑞士 1911 年公佈之債權法典第 112 條〔註95〕。寶道以為，中國若適用民法原則於《凡爾賽條約》，則可得以下結果：〔註96〕

> 協約國及其與國簽約時，對於中國曾引用為他人訂約之原則，則即有要求履行條約之權，質言之協約及其與國不但可以強制德國使對於中國服從第 128 條及 134 條之規定，即除條約中之他項規定亦可強制履行。〔註97〕

所以他認為中國只需照會德國，中國願意承認《凡爾賽條約》中規定與中德相關的規定，即可享有條約帶給中國的利益。

至於中國可採行的作法，因中國大總統在罷戰通告中已稱：「因約內關於山東三款未能贊同，遂拒絕簽字，但其餘各款我國固與協商各國始終一致可與承認。」德國、法國、英國、義大利也已批准，將於下月初間旬交換條約，所以最簡單的方法，就是再由大總統佈告大意如下的命令：

〔註94〕〈中德恢復和平事〉，1919 年 11 月 24 日，03-23-046-02-023。
〔註95〕德國民法典第 328 條首謂：「可以訂立契約為第三者擔負義務契約成立，第三者即可要求義務履行」，瑞士 1911 年公佈之債權法典，其第 112 條原文：「有用己明定約給利與第二人者，可要求對於第二者履行此義務。」「第二者及其權利關係人，每人可按意直接要求義務之履行。」「一經第三者對於負債者聲明承用，此權利債主不能解除債戶之義務。」〈中德恢復和平事〉，1919 年 11 月 24 日，03-23-046-02-023。
〔註96〕〈中德恢復和平事〉，1919 年 11 月 24 日，03-23-046-02-023。
〔註97〕〈中德恢復和平事〉，1919 年 11 月 24 日，03-23-046-02-023。

> 條約既由某某各國批准，已得實行。除關於山東各款外，其餘條款
> 中國均可承認。業已聲明在案茲，甚願與德國從速解決自斷絕邦交
> 後之種種問題，決定實行該條約之規定。〔註98〕

這條命令應特別交由駐京荷蘭使館轉達德國政府，而德國收到中國的照知後，中國就可以認定《凡爾賽條約》中除了山東條款以外，就已經實行於中德兩國之間。此外，對各簽約國及巴黎和會秘書處也要給予同樣的照知，使得各國對中國承認《凡爾賽條約》的範圍能有所瞭解。〔註99〕

（四）補充意見：把握對德交涉的時機

意見書送出後，寶道於某日發覺了其中的不足之處，因此急寫了一封給外交部次長陳籙的信。信中除重述中國若以《凡爾賽條約》解決中德邦交問題，將會獲得除山東問題外的巨大利益、需要在條約施行後立即外交照知德國及協約國中國引用該條約的意義以外，有鑑於《凡爾賽條約》即將批准，寶道認為中國政府必須注意一件重要的事，即：「中國未簽約之地位無發生其他解釋」。〔註100〕

此時寶道已經得知在中國代表德國利益的荷蘭使館，已電詢德政府對於解決中德邦交問題採取什麼態度，以及對中國是否受《凡爾賽條約》拘束的看法。他認為德國政府一定會認為中國並不受到該條約拘束，然而，一但讓德國政府明確表達了上述的態度後，對中國外交地位則會產生巨大的不良影響，因為當德國表達態度後中國再與德國交涉，就表示自己承認不受條約所保障的利益，除非德國有所承認。可是，若中國在德國尚未表示意見前，先行照會協約各國將承認除山東外的條款，則與德國交涉時就佔有較優越的地位，德國政府必須反過來請中國減輕其條件。〔註101〕

最後，寶道自清一切態度並不是對德國懷恨在心，一切只是想鞏固中國的地位而已。因為在寶道眼中《凡爾賽條約》保障中國收回的德國利益實在太大（已達極點），甚至中國不願享受完全利益的話，還可以放棄一部份當作與德國的交換條件，或釋出善意的工具。然而，與德國直接交涉恐怕難得相同的結果，像是意見書中談到的商業問題；即便能夠得到相同的結果，恐怕

〔註98〕〈中德恢復和平事〉，1919 年 11 月 24 日，03-23-046-02-023。
〔註99〕〈中德恢復和平事〉，1919 年 11 月 24 日，03-23-046-02-023。
〔註100〕〈解決中德邦交問題〉，1919 年 11 月 18 日，03-23-046-02-019。
〔註101〕〈解決中德邦交問題〉，1919 年 11 月 18 日，03-23-046-02-019。

也會以其他利益為交換條件。總之，寶道認為加入《凡爾賽條約》，就是德國必須請中國優待，反之，則中國將會請德國給予優待，這在國家地位上的差別是很大的。〔註102〕

二、中國政府的回應

　　綜合來看，寶道認為德國即使戰敗，也不會任她在中國的財產任中國宰割，必然會不斷透過各種方式抵制、抗議，中國將不勝其擾。中國可採取單獨與德國談判的方式，但會曠日廢時又效果微薄，因此傾向承認《凡爾賽條約》的辦法。因為《凡爾賽條約》保障了中國極大的利益，即便中國並未簽約，寶道以為民法中的「為他人訂約」原則，將可以成為引用其中有利條款的依據，中國只需要透過總統命令聲名即可。說之以理外，寶道更動之以情的告訴中國官員，中國有沒有在《凡爾賽條約》的保障下與德國交涉，關乎的是一國國家地位的高低，那是中國自參戰、參與巴黎和會到拒簽《凡爾賽條約》以來念茲在茲的事情，而且能引用《凡爾賽條約》與德國交涉的機會又稍縱即逝。這情、理、法三者兼備的論述，由負責中德善後的「院部處委員會」於1919年11月18日開會中檢視，該會認為「原意見書所稱各節理由極為充足，其主張實行《凡爾賽條約》，尤於解決對德問題切中窾要」，若不是有兩個重大疑慮，甚至就可以照寶道的說法進行。〔註103〕

　　第一個疑慮是：萬一協約國及德國不肯承認，中國的處境將更艱難。更何況外交部得到消息，英國外交部秘書在答覆下議院的質詢中，稱中國自從拒簽《凡爾賽條約》條約後，就不能得到條約上的任何利益。第二個疑慮是：即便各國能承認寶道的辦法，他的辦法對山東條款有何影響，不知道是利是弊。因此決定徵詢外交總長陸徵祥的意見。〔註104〕陸徵祥收到意見書以後，於23日回電中並不積極，稱已請顧維鈞斟酌回應，轉而完整陳述顏惠慶對德交涉的意見，〔註105〕且陸徵祥日後的態度可以說日趨傾向中德直接交涉的方法。加以德國政府果真如顏惠慶所料，主動向中國政府提出交涉要求，雖然

〔註102〕〈解決中德邦交問題〉，1919年11月18日，03-23-046-02-019。
〔註103〕〈中德恢復和平事〉，1919年11月24日，03-23-046-02-023。
〔註104〕〈中德恢復和平事〉，1919年11月24日，03-23-046-02-023。
〔註105〕目前無法得知顧維鈞如何回應，但考慮他反對承認《凡爾賽條約》的態度，應不會認同寶道的意見。《北洋政府外交部》，〈寶道意見書中德商約事〉，1919年11月23日，中央研究院近代史研究所檔案館藏，館藏號：03-36-174-07-045。

對德國財產清理、德國人民自由、關稅等項目無法一時達成協議，然而中國政府所考慮的方針中，完全不見寶道所稱「中德交涉訂約前，先透過法理取得《凡爾賽條約》利益」的辦法，而是針對與德國初步提出條件的逐一進行回應，以及接受德國派非正式代表來華商談，可見中國政府最後接受了與德國直接交涉的方法，放棄了寶道的意見。〔註106〕

三、對寶道意見書的評價

寶道之所以會提出如此方案與他對中德未來關係的預測有很大的關係。意見書經過整理後，寶道的預測可分為下列六項：〔註107〕

（一）即便德國願意平等對待中國，也不會讓德國在華地位任憑中國獨斷處置，必然會進行抗議。

（二）中德單獨談判是可行的，而且德國會在政治條款上有多讓步，像是領事裁判權廢止、取消北京至海口一帶駐防權利、天津漢口租借交還。

（三）德國當時的預算吃緊，又需交付《凡爾賽條約》規定的鉅額賠款，德人深知恢復國外商務才能恢復國內經濟，中國又是營業要點之一，即便必然會設法重新與中國交好，以重新進行商務，也必然會全力挽救在中國的所有資本，因此在經濟、財政、海關等條款會有困難的交涉。

（四）即便在經濟、財政、海關會有困難的交涉，近日（1919 年末）中國正逢難窘之時，將不能拒絕和德國交涉，國際上又孤立無援，以如此國勢和德國交涉，恐怕交涉艱難、冗長、結果仍極微薄。

（五）當德國認定中國不享《凡爾賽條約》利益後，中國再與德國交涉，就表示承認自己不受條約所保障的利益，除非德國有所承認。

（六）與德國直接交涉恐怕難得與《凡爾賽條約》相同的結果，即便能夠得到相同的結果，恐怕也會以其他利益為交換條件。

透過檢視中德日後的交涉過程，可以發現寶道對中德交涉的預測有所真確之處。中德復交的重要交涉大約從 1919 年底，德國主動提出要求開始，至

〔註106〕唐啓華，《被「廢除不平等條約」遮蔽的北洋修約史（1912～1928）》，頁 89～93；《北洋政府外交部》，〈對德事項已經閣議決定希轉知主管各部接洽由〉，1920 年 3 月 15 日，中央研究院近代史研究所檔案館藏，館藏號：03-23-042-02-010。

〔註107〕〈解決中德邦交問題〉，1919 年 11 月 18 日，03-23-046-02-019；《北洋政府外交部》，〈中德恢復和平事〉，1919 年 11 月 24 日，03-23-046-02-023。

1921 年 7 月《中德協約》雙方外交部互換照會，聲明批准，即日生效爲止。寶道以爲德國即使願意平等對待中國，也不會任其在華地位任人處置。在與中國的交涉時，德國一直力求「停止清理在華德人財產」、「某種程度的最惠國關稅」、「承認多少《凡爾賽條約》條約的內容」，造成幾次談判上的僵局，和中國部分的妥協讓步，像是停止清理德人財產，並同意自協約批准起歸還德產（贖回），最後實質上給予德國優惠關稅等。德國確實不讓自己任中國宰割，也在經濟、商務等條款上力爭，因爲那是他們主動開啓對華交涉的目的之一，對中國而言，德人財產的處理也展現了若干的難度，一直到協約大致擬定後才解決。《凡爾賽條約》條約的承認部分，亦如寶道設想，中國在交涉期間花了一點時間，修改了若干的措辭後才獲得了德國承認，使得中國能透過《中德協約》享受其中利益。至於放棄領事裁判權、廢止最惠國地位等寶道可能認爲是政治的條款，德國並沒有力爭到底，而且還在正式展開訂約協商前，先行歸還了 1901 年擄走的北京天文儀器。〔註 108〕由上述過程判斷，寶道所預測的六個大概說中了其中第一、二、三、五各點。

然而上述四點仍不足讓寶道做出正確判斷，因爲關鍵在於寶道第四與第六兩點上的預測有重大偏差。中國政府的財政確實一直稱不上富足，交涉過程中又逢直皖戰爭與政府改組，交涉的過程中亦無其他國家顯著的聲援；然而，雙方交涉時間僅 1 年多，以當時電報傳遞、人員往返中德、加上雙方思索進退應對的時間，對比中國與智利、瑞士、玻利維亞等國的交涉時間，中德交涉並沒有特別長，不若寶道所猜想的「曠日廢時」，而且德國除商務、財產外，中國要求的條款德國並無力爭到底，使得中國能逐步獲得所求，亦非寶道所稱的將「一無所獲」，最後德國甚至在《中德協約》中，承認將承擔《凡爾賽條約》中 128～134 條義務，取得了許多在《凡爾賽條約》中能得的利益，即便實際上非寶道所稱「取得全數利益」（外交部在說帖中稱是「獲《凡爾賽條約》中之權利而不受其約束），因爲德國沒有放棄追回德國在華私產，而中國也同意讓德國贖回，但中國獲得了一些在《凡爾賽條約》之外的利益，如德國在北京使館區的操場得以收回，德國亦給予中國俘虜收容費。〔註 109〕事

〔註 108〕唐啓華，《被「廢除不平等條約」遮蔽的北洋修約史（1912～1928）》，頁 90～100。

〔註 109〕唐啓華，《被「廢除不平等條約」遮蔽的北洋修約史（1912～1928）》，頁 52～61、77～79、90～100。

後看來，寶道之所以在上述兩點做出錯誤的預測，應是因爲身處中國，所得的歐洲情報亦不正確，所以錯估了德國的態度，料想不到德國會爲了盡快回復商務，和設法救回在華私產而做出許多妥協，〔註 110〕結果導致寶道認爲需另外設想方法。

總而言之，寶道在「如何重建中德關係」這個議題上，是因爲在預測戰後德國的態度上有部分，而且是關鍵部分的偏差，導致他必須設法從「因爲山東問題尙未解決，不宜補簽《凡爾賽條約》」，和「中德單獨前景慘澹」這兩個進退維谷的前提下，提出一個以他法律專業而言可行的最佳方案，可惜該方案可能使得中國更複雜的國際問題之中，所以最後無法採用，但中方對他的意見仍讚譽有佳，可見其整體論述仍是合理且吸引人的。

第四節　對德華銀行財產處置的意見

德華銀行是爲了在中國擴大市場而於 1889 年建立的，出資者包含德意志銀行等德國銀行、公司、洋行，在活動上有濃厚的投資銀行色彩，意圖從與中國政府的借款合同中賺取利潤。〔註 111〕該行對華借款有 1896、1898 兩次英德合作借款、1908 津浦鐵路借款、1910 維持江南市面借款、1916 年交通部借款。〔註 112〕此外，自 1911 年起中國關稅一部分移往德華銀行存放，1913 年善後大借款簽訂後，鹽務餘款一部分也存該行。〔註 113〕1917 年 2 月對德絕交以後中國收回了德奧租借和沒收兩國軍艦，雖仍允許該行如其他「和平適當的業務」一般正常營業，然而 4 月國務會議通過財政部的提議，決定海關餘款暫不交德華銀行，鹽務餘款的部份則要外交部與法國領事接洽，設法使原來應存於德華銀行的部份改存中國銀行；〔註 114〕甚至開始考

〔註 110〕如顏惠慶在回憶錄中稱：「德國既已受《凡爾賽條約》懲膺，態度不免柔馴，同時熱望與我國早日發生商務關係，一切願事遷就」。顏惠慶著，姚崧齡譯，《顏惠慶自傳》，頁 109～110。

〔註 111〕汪敬虞，〈1895～1927 年外國在華銀行勢力的擴張〉，《中國經濟史研究》1995 年第 4 期，頁 17～20。

〔註 112〕黃于玲，《中國近現代政府舉債的信用激勵、約束機制研究》（新北：碩亞數碼科技有限公司，2010），頁 444、446、447、452。

〔註 113〕楊陰溥，《民國財政史》，頁 6。

〔註 114〕《北洋政府外交部》，〈國務會議議決應付德款辦法由〉，1917 年 4 月 26 日，中央研究院近代史研究所檔案館藏，館藏號：03-21-012-03-007。

慮沒收該行一事，如財政部於 3 月 28 日詢問外交部是否能代為詢問英國領事：「該國如何對待英國租借內的天津德華銀行，是否有沒收的意圖？」外交部一開始認為既然已准該行營業，再去詢問英國的態度只是多此一舉，「反多枝節」，不過財政部於 4 月 21 回電仍認為應該透過直隸交涉員秘密調查英國的態度。〔註 115〕外交部並無回應此電，是否同意秘密調查不得而知。可知的是至 8 月對德正式宣戰期間，中國政府已有足夠的情報或理由決定接收德華銀行。外交部於 8 月 13 日下達對各地交涉員的正式指令，命令交涉員與財政廳、中國銀行所派人員一同辦理接收德華銀行。〔註 116〕執行接收不久後，中國銀行於 9 月 5 日成立「德華銀行總清理處」主持清理德華銀行。〔註 117〕

一、寶道的處置意見

寶道應於 1919 至 1920 年間成為「德華銀行總清理處」的顧問，〔註 118〕他在任內的一項任務便是條陳「結束清理暨償還德人盈餘之最善辦法」，這可能與當時進行的中德交涉有關。1919 年底中德雙方進行復交的接觸後，德方數次請求停止清理在華德產，〔註 119〕中國政府雖於 3 月 15 日決議中稱德華銀行現由中國政府清理，不認為德國政府需要派遣其代理人來華。〔註 120〕然而寶道於同月受邀條陳「結束德華銀行清理暨償還德人盈餘」的最善辦法，時間上的接近使此二事不易脫離關係，中國政府可能想知道結束清理的後果，並以此判斷是否要為中德交涉而停止清理該行。〔註 121〕

〔註 115〕《北洋政府外交部》，〈天津德華銀行事既勿庸英使惟英領態度如何應密令調查報告由〉，1917 年 4 月 22 日，中央研究院近代史研究所檔案館藏，館藏號：03-21-012-04-003。

〔註 116〕《北洋政府外交部》，〈明日押收德華銀行〉，1917 年 8 月 13 日，中央研究院近代史研究所檔案館藏，館藏號：03-36-115-01-004。

〔註 117〕《北洋政府外交部》，〈函知本行附設德華銀行清理處業經成立〉，1917 年 9 月 5 日，中央研究院近代史研究所檔案館藏，館藏號：03-36-115-04-012。

〔註 118〕因為寶道曾隨中國代表團前往巴黎和會，1920 年前的各項事務均無寶道的意見，1920 年後與事務處有關的涉外事務便有所意見，在下文的意見書中又表明不知「中國政府處理境內德人私產所持宗旨」，應非清理處一成立時便加入，否則對政府宗旨應該能有所瞭解，所以較有可能是在 1919 至 1920 年間加入。

〔註 119〕唐啓華，《被「廢除不平等條約」遮蔽的北洋修約史（1912～1928）》，頁 93。

〔註 120〕〈對德事項已經閣議決定希轉知主管各部接洽由〉，1920 年 3 月 15 日，03-23-042-02-010。

〔註 121〕《北洋政府外交部》，〈清理德華債務事〉，1920 年 3 月 27 日，中央研究院近代史研究所檔案館藏，館藏號：03-21-013-06-002。

寶道認為德華銀行是一純粹的私有財產，因此以為政府詢問德華銀行結束清理的意見，即是要詢問有關處理「中國境內德人私產」，也就是包括德華銀行在內的所有德人財產的事宜。他認為自己對該事情不知政府的宗旨，似乎不便發表意見，然而他還是因為某種原因，依據所知情況提出了兩種解決辦法。意見書於於 3 月 27 日送達外交部。〔註122〕

在條陳方針之前，寶道先行陳述他對該項議題的認知。寶道已知中國接收德華銀行後進行了清還其行所欠華人、協約國及中立國人民債務，管理敵僑所存放和積欠該行款項，但不知為何後來轉為清理該銀行、變賣其全數財產（包含房產），而且據他所知，政府自取消只有清還債務時才變賣敵產的限制後，也未議定變賣所得用於何處。〔註123〕

依據其認知的情況，寶道認為第一種處理辦法便是：結束「德華銀行清理事務處」及「管理敵僑財產事務局」，〔註124〕然後將（1）德華銀行、（2）其他私產所剩下的部份、（3）變賣後所得之款、（4）其他現存產業，扣除清理暨管理費用後，均交還敵僑原主。不過寶道認為這個辦法會讓中國政府清理、管理敵產沒有什麼好處，因為 1919 年 3 月 19 日頒布的《敵國人民財產清理規則》規定：「因清理員之故意或重大過失致該敵國人民受損害者，應負賠償之責」，日後難以推辭「辦理不善之咎緣」。〔註125〕寶道沒有清楚的說明為何即刻停止清理，並將財產所剩部份交還原主會與「故意或重大過失」有關，但考慮寶道陳述其所認知的各項法規，關鍵應是在於中國政府缺乏完善的清理變賣財產的理由（清償債務以外未規定用處），也就是缺乏完整的合理、合法性，並且將德華銀行視為一般德國僑民財產之一。

寶道提出的第二條辦法，是採用類似《凡爾賽條約》的處置辦法，即繼續清理敵國人民財產，將變賣所得清償德國或德國人民欠華人債務，這條辦法寶道以《凡爾賽條約》第 297 條背書，並歸納其中要點整理如下：

> 除可由本約另行規定外，協商或參戰各國保留權利，得在其領土內
> 或其殖民地內或佔有地內，於本約實行時屬諸德國人民之一切財產

〔註122〕〈清理德華債務事〉，1920 年 3 月 27 日，03-21-013-06-002。

〔註123〕〈清理德華債務事〉，1920 年 3 月 27 日，03-21-013-06-002。

〔註124〕「管理敵僑財產事務局」當時已經改稱「管理特種財產事務局」，這裡不是如寶道自稱一般，對中國處理財產宗旨不瞭解，尚未更新資訊所犯下的錯誤，就是翻譯人員的錯誤。然而，依照寶道的自陳，以及在德華銀行上確實不瞭解中國政府態度而言，較可能是寶道的資訊未更新導致。

〔註125〕〈清理德華債務事〉，1920 年 3 月 27 日，03-21-013-06-002。

權利、利益及其所監督之公司，扣留或清理之。此項清理按照有關係之協商或參戰國之法律行之，德國業主未得該國同意，不得處理其財產權利及利益，並不得以之作抵。每一協商或參戰國得將其由清理所收之德國人民財產、權及利益所得淨款及現款按照本國法律或規則處分之，並得用以償付本條或附款第四節所指之要求及債務。任何財產權利或利益或清理此項財產所得之淨款或任何現款未曾按照上列辦法處分者，得由協商或參戰國扣留之。遇此情形現款之價值應按照第三百四十三條辦理。〔註126〕

綜觀上述規定以後，寶道以爲該條能帶給中國諸多好處，首先是得以繼續清理在中國境內的德華銀行、德華銀行內德人存放的財產、德國私人擁有的其他財產或不動產。再者變賣所得可以用於：（一）償付華僑在德國所受財產權利及利益損失，（二）償付德國人民所欠華人債務，（三）償付華僑自 1914 年 7 月 31 日至 1917 年 8 月 14 日因德國政府或官吏行爲導致的損失，（四）償付華人在奧國、保加利亞、土耳其等國的損失中，尚未另行清償的部份，（五）無論尾數多少，得由中國扣留列入德國存款帳內以備攤付其他協約國及參戰國向德國提出同類之要求。〔註127〕

爲強調該方法的可行性，寶道稱協約國的英法兩國已經在中國的租借內，日本亦在境內採取普遍清理德人財產的辦法。中國既然已經簽訂對奧和約，其中關於財產處理的部份與對德《凡爾賽和約》相同，寶道猜想中國政府已決議清理、變賣在華的奧國人民產業，並將所得抵償華人向奧國及奧地利人的損失賠償要求。既然如此，中國處理德國財產的方式，依照協約國及依照奧國的處理方式自然正當，更何況依照當時德國履行和約的狀況，德國並不同意直接賠償各國因戰事所受到的損失，中國人在青島的損失又需要彌補，如今應只能靠清償德人財產來彌補。〔註128〕

雖然以寶道的論述可以看出他非常推薦第二方案，但是在結論中仍稱應由中國政府在兩者間擇一，並稱政府若有所結論，會再書寫另一份意見書以供參考（當另貢芻堯以備採納）。〔註129〕

〔註126〕〈清理德華債務事〉，1920 年 3 月 27 日，03-21-013-06-002。
〔註127〕〈清理德華債務事〉，1920 年 3 月 27 日，03-21-013-06-002。
〔註128〕〈清理德華債務事〉，1920 年 3 月 27 日，03-21-013-06-002。
〔註129〕〈清理德華債務事〉，1920 年 3 月 27 日，03-21-013-06-002。

二、中國政府的態度與意見書的評價

　　寶道雖稱政府若有結論後，會另寫意見書提供參考，但寶道並沒有續寫意見書，或許反映了政府並沒有採納寶道的意見，而這與中國政府對德華銀行的態度有關。

　　中國政府自 1917 年接收德華銀行時，便不認為其是一單純的私產，〔註130〕也另訂組織與辦法來執行其清理事務，〔註131〕寶道不清楚中國對德人私產的處理態度，也以為德華銀行是純粹的私產，德華銀行總清理處亦無告知政府對該行的態度，導致了寶道照自己的認知，寫了一份通篇將德華銀行當作一般私產，也只是提供一般私產處理的意見書。在寶道完成意見書後的中德交涉中，中方強調該行是與德國政府有某種關係的產業，不該由處理普通德人財產的辦法處理，〔註132〕不僅顯示他的意見書沒有改變中國對該行的看法，亦可能說明為何中國政府沒有採納或回應寶道的意見。

　　雖然因為情報的不完整，導致寶道無法做出政府所需的意見，但他在意見書中對提到了兩種對德人財產處理的方式。為了更完整的評價該意見，有必要與中國的實際作法作對照。

　　首先，因德國願意承擔對中國的戰事賠償，因此中國政府承擔自簽約之日，切實停止一切德人財產之清理，並於收到上項償款時，及中德協約批准後將已前清理後所得各款，及被扣留各產業歸還原主，其中亦包含北京、漢口未清理的房舍。〔註133〕顯示中方採取了如寶道第一個意見類似的策略，寶道對第一個方案存有疑慮，認為會導致中國實行收管、清理沒什麼好處，甚至可能要承擔管理不善，進而要賠償損失的責任。〔註134〕然而中國是以停止清理、歸還德產換得了取消領事裁判權、戰事損失賠償、德國承認《凡爾賽》條約中 128 至 134 條的義務等《中德協約》中所載，〔註135〕有助於解除中國

〔註130〕前北京政府外交部編，《外交文牘（民國元年至十年）》，沈雲龍主編，《近代中國史料叢刊》第八十七輯，頁 71。

〔註131〕《北洋政府外交部》，〈擬修正德華銀行辦法由〉，1920 年 4 月 6 日，中央研究院近代史研究所檔案館藏，館藏號：03-36-114-03-001。

〔註132〕唐啟華，《被「廢除不平等條約」遮蔽的北洋修約史（1912～1928）》，頁 97。

〔註133〕前北京政府外交部編，《外交文牘（民國元年至十年）》，沈雲龍主編，《近代中國史料叢刊》第八十七輯，頁 4～5。

〔註134〕〈清理德華債務事〉，1920 年 3 月 27 日，03-21-013-06-002。

〔註135〕《北洋政府外交部》，〈中德事〉，1920 年 9 月 22 日，中央研究院近代史研究所檔案館藏，館藏號：03-23-042-02-012；前北京政府外交部編，《外交文牘（民國元年至十年）》，沈雲龍主編，《近代中國史料叢刊》第八十七輯，頁 4～5。

外交不平等狀態的利益，德方在交涉的過程中也未質疑中國的清理是否合法，或要求中國賠償損失。〔註136〕如此情形，又是以停止清理、歸還的方式，取得了寶道在第二個意見中，認為是繼續清理才能取得的損失賠償；另據《中德協約》所示，中國清理、扣留、管理德人財產各事務的合法性，最後是採取《凡爾賽條約》133 條為依據，並非寶道認為可用的 297 條，〔註137〕表示了寶道對兩方式的實行結果也預估失敗。

綜合來看寶道的意見完全失準，這可能與總清理處無清楚告知，寶道亦無詳細詢問該案背景有關，而寶道的兩種私產處理方案，問題應和中德恢復和平一事相同，寶道錯估了德方的態度，不曉得德國做出的讓步之大，使得中國幾乎獲得與《凡爾賽條約》相同的結果，甚至超越其他國家取得戰事賠償，所以才會不斷尋找能使得中國不與德國交涉，也能夠取得利益的辦法，因此寶道的意見雖未受用，仍可肯定其努力研究對中國最有利的解決方案。

第五節　對白雪利案交涉的意見

一、案件的發端與初期交涉

白雪利案是一件有關治外法權的糾紛，由於目前學界沒有對該案的專題研究，所以本節會對案件的脈絡進行較詳細的敘述。事件核心人物白雪利（Gaspero Passeri）是一義大利籍的財政部顧問，1917 年 8 月起擔任清理上海德華銀行的清理委員。〔註138〕1918 年間，白雪利向協約國領事報告：中國政府並未認真清理德華銀行、中國銀行對他似乎抱持不友善的態度、而且認為日後自己必會被免職，於是向義大利署使華蕾（Daniele Varè ，1880～1956）求助。10 月 31 日，華蕾將白雪利的「困境」告知陸徵祥，請後者注意上海德華銀行的清理情形與人員。在陸徵祥未有回應前，華蕾得知協約國外交團已運動了中國銀行，讓後者派遣一外籍行員盧克斯（S. E. Lucas）前往上海調查

〔註136〕唐啟華，《被「廢除不平等條約」遮蔽的北洋修約史（1912～1928）》，頁 93～107。

〔註137〕前北京政府外交部編，《外交文牘（民國元年至十年）》，沈雲龍主編，《近代中國史料叢刊》第八十七輯，頁 5。

〔註138〕《北洋政府外交部》，〈接收德華銀行事希與英領會商並與滬行經理宋漢章洋員白雪利會辦接洽〉，1917 年 8 月 14 日，中央研究院近代史研究所檔案館藏，館藏號：03-36-114-01-001。

該事，〔註139〕結果中國銀行要求白雪利將清理委員的職務讓與盧克斯，盧克斯更與一個白雪利認爲有親德態度的行員有所聯繫。華蕾得知白雪利被辭退，還被一個可能親德的行員取代後非常的詫異，認爲這是中國政府對白雪利的報復，如此不僅承認自己沒有認眞清理敵產、違反了清理敵國財產的政策、更損害了白雪利的經濟與名譽。因爲認定中國政府犯了嚴重錯誤，華蕾在 1918 年 11 月 27 日送了一份信函給中國外交部，要中國政府注意「將來之所有結果」。〔註140〕同年 12 月 2 日，協約國公使代表前往中國外交部開臨時會議時，表示非常不滿上海德華銀行清理處辭退白雪利，加上華蕾信件中的措辭，外交部認定這是一緊急的事件並急電財政部，希望該部聯絡上海清理處暫緩辭退白雪利，等待盧克斯查明詳情後再辦，最後希望財政部對此事有所回復。〔註141〕

然而，外交部的急電未能生效，財政部維持辭退白雪利的決定，也沒有回應外交部。白雪利方面亦不服被辭退的結果，轉向上海會審公廨提起訴訟，要求 50 萬兩巨額酬金與名譽損失賠償，〔註142〕結果獲判勝訴，上海德華銀行清理處應給白雪利償金 18 萬兩。12 月 23 日，會審公廨向上海德華銀行清理處要錢，受中方拒絕未果，只能留一工部局便服巡警看守。27 日義大利領事在會審公廨聲明：公廨審官已經下令必要時可將清理處鐵櫃撬開，取出判決中應交出的償金，但審官亦稱：如果清理處交出償金的話，即承認中方的上訴。當時清理處聘用的律師穆安素認爲：如果償金被強制取走，必然會流入白雪利手中，不如自行交給會審公廨，上訴之後還可能取回該款，因此清理處決定將償金與上訴書於 28 日交給會審公廨，30 日獲得華籍審判官同意上訴，但是義大利領事拒絕中方上訴的要求。〔註143〕中義雙方辯論之時，同爲審官的英國副領事加入討論，認爲中西官員意見不同，可分別報告中央政府

〔註139〕〈接收德華銀行事希與英領會商並與滬行經理宋漢章洋員白雪利會辦接洽〉，1917 年 8 月 14 日，03-36-114-01-001。
〔註140〕《北洋政府外交部》，〈辭退白雪利請爲注意〉，1918 年 11 月 27 日，中央研究院近代史研究所檔案館藏，館藏號：03-36-114-03-007。
〔註141〕《北洋政府外交部》，〈請上海清理處暫緩撤退白雪利〉，1918 年 12 月 2 日，中央研究院近代史研究所檔案館藏，館藏號：03-36-114-03-008。
〔註142〕《北洋政府外交部》，〈上海會審公廨判決白雪利案應請主持公道否認〉，1918 年 5 月 28 日，中央研究院近代史研究所檔案館藏，館藏號：03-36-114-03-025。
〔註143〕《北洋政府外交部》，〈上海德華清理處洋員白雪利事〉，1919 年 1 月 20 日，中央研究院近代史研究所檔案館藏，館藏號：03-36-114-03-014。

及駐京公使團辦理，然後各自將訟案收回。華籍公廨委員以爲此案與普通民商事不同，會審公廨應無權受理，而且義大利領事堅持不准中方上訴，明顯心存偏袒，只有透過中央政府交涉才能解決。〔註144〕

　　清理處認同華籍公廨委員說法，於是在 12 月 30 日急電外交部上海交涉員，要求向領事團抗議；另電外交部，陳述該處認爲訴訟案不合法的理由：

> ……清理處係政府機關，無論何種法庭，未經政府表示許可不得受理；今上海會審公廨未經政府許可居然受理，殊不合法，本部認爲此案判決根本認爲無效……〔註145〕

並要求外交部督促上海交涉員迅速辦理該抗議案，與察核如何與駐北京各公使團交涉。〔註146〕外交部接到財政部的要求以後，亦很快的著手處理。首先，外交部次長陳籙於 1919 年 1 月 8 日安排了與華蕾的會談，期望能找到一和平解決該事的方法，並轉述了財政部部長曹汝霖（1877～1966）的立場：曹汝霖認爲白雪利是財政部的顧問，起因又是因爲他不服從財政部的命令，所以上海會審公廨不應有審判權。陳籙也反覆表示自己與多數人也認同財政部的說法，但除了轉述曹汝霖的理由外，並沒有一套自己認爲審判無效的理由。華蕾則回應：在起訴前已透過書信向曹汝霖表達和平解決的意願，然而受置之不理的對待，且若曹汝霖認爲會審公廨沒有審判的權力，爲何不在審理的時候就提出質疑？甚至在審理的過程中還派出了辯護人，這個舉動已等同承認會審公廨有權審理；審理結束後才稱無效是不合理的，中國財政部的態度將導致他需將事件回報本國，到時必然會對正參與巴黎和會的陸徵祥造成「不便之處」；最後，陳籙次長既然採取與曹汝霖一樣的態度，也沒必要多談下去。當日會談最後在雙方各持己見的情況下結束。〔註147〕

　　接著，外交部於 1 月 18 日將上海清理處的態度：「政府未同意會審公廨的審判權，所以會審公廨對白雪利案的判決無效」原封不動的函件給協約國

〔註144〕《北洋政府外交部》，〈白雪利訴訟事應向使團交涉〉，1919 年 1 月 15 日，中央研究院近代史研究所檔案館藏，館藏號：03-36-114-03-011。

〔註145〕《北洋政府外交部》，〈白雪利被撤經公廨判白勝訴不能作爲有效〉，1918 年 12 月 30 日，中央研究院近代史研究所檔案館藏，館藏號：03-36-114-03-009。

〔註146〕〈白雪利被撤經公廨判白勝訴不能作爲有效〉，1918 年 12 月 30 日，03-36-114-03-009。

〔註147〕《北洋政府外交部》，〈白雪利訴訟事〉，1919 年 1 月 8 日，中央研究院近代史研究所檔案館藏，館藏號：03-36-114-03-010。

領銜公使芮恩施（Paul Samuel Reinsch，1869～1923）。〔註148〕20 日，財政部製作的「白雪利案判決無效理由書」送達外交部，希望能交給協約國公使團。理由書中透露在上海清理處宋漢章的要求下，總清理處已經於 1 月 16 日前決議讓白雪利留任上海清理處。白雪利得知後，寫信向新任財政總長王克敏表示感謝，否則名譽便會受到巨大損失，並表示為了酬金而告上會審公廨是為了家計的不得已舉動，並非心存藐視。〔註149〕財政部決定留任白雪利應是為了安撫，以免義大利領事再借白雪利的請求擴大事端，但來不及收效。21 日義大利副領事前往會審公廨，稱中方的請求上訴並未照公廨的章程在 14 天內提出，所以上訴應為無效，必須執行原來的判決，但受到華籍的副會審員及上海交涉員拒絕，兩人認為已經是外交交涉問題，義大利領事無從過問。義大利領事受拒後，並無立即提出其他說法，但財政部因而再去電外交部，請外交部一面向協約國公使團提出，一面要求上海交涉員向領事團交涉。〔註150〕外交部一面照財政部的請求，電告上海交涉員繼續與領事團「交涉停止」白雪利案的判決，〔註151〕另一方面於 28 日將財政部製作的理由書函送給協約國公使團領銜公使：朱爾典與芮恩施兩人。〔註152〕

中義雙方各持己見，互不相讓，卻也缺乏決定性的力量讓對方屈服，中方原期待駐在北京的協約國公使團能幫助突破僵局。中國外交部於 1919 年 1 月間兩度發函附件，希望協約國公使團能主持公道，但拖了數月都了無音訊。1919 年 4 月 12，財政總長龔心湛（1871～1943）發文往外交部詢問各國公使的態度到底如何，稱暫存在工部局的款項甚大，多暫存一日多一日的損失，因此希望外交部再次照會英美各國公使，或直接與公使會面商討解決方法。〔註153〕但直到了 5 月 14 日，次長陳籙才趁英美法三國公使前往外交

〔註148〕《北洋政府外交部》，〈白雪利勝訴為無效〉，1919 年 1 月 18 日，中央研究院近代史研究所檔案館藏，館藏號：03-36-114-03-012。

〔註149〕〈上海德華清理處洋員白雪利事〉，1919 年 1 月 20 日，03-36-114-03-014。

〔註150〕《北洋政府外交部》，〈白雪利事須候中央辦理〉，1919 年 1 月 22 日，中央研究院近代史研究所檔案館藏，館藏號：03-36-114-03-015。

〔註151〕《北洋政府外交部》，〈白雪利案應向領團交涉停止〉，1919 年 1 月 22 日，中央研究院近代史研究所檔案館藏，館藏號：03-36-114-03-016。

〔註152〕《北洋政府外交部》，〈白雪利案請否認公廨之判決〉，1919 年 1 月 28 日，中央研究院近代史研究所檔案館藏，館藏號：03-36-114-03-019。

〔註153〕《北洋政府外交部》，〈各使對於公廨判決白雪利事究竟持何態度由〉，1919 年 4 月 12 日，中央研究院近代史研究所檔案館藏，館藏號：03-36-153-04-014。

部時會談時再度洽談白雪利案的事情。在與芮恩施會談時，陳籙稱中國在法理上並沒有錯，只是擔心義大利借助武力，又「執其錯而不改正」，因此希望由外交團宣告會審公廨無權受理該案，並下令其交出中國的存款。芮恩施答應盡力與朱爾典商量。〔註 154〕朱爾典方面，應是先前接到中方的請求後就與曾義大利領事接洽，但義領事表明沒有變更法庭判決之權；此外，朱爾典還認爲該案是辦理敵僑財產諸人的「不規則」而起，而且中國所任用的穆安素律師更是一個眾所皆知的不可靠人物，還曾與義大利領事有同事關係，兩人恐怕有所串通，所以不顧中國政府犯錯，進而謀取私人利益。因上述兩點緣故，朱爾典告訴於同日稍後來訪的陳籙：「不能再爲幫忙，極爲抱歉。」〔註 155〕與朱爾典初步會談後，可能是在芮恩施的協助下，或是陳籙設法說服了朱爾典改變了想法，最後陳籙聲稱英美法三國公使「均允協助」，並將上述訊息於 5 月 21 日函送給財政部，在函件中也允諾會再與義大利公使接洽。〔註 156〕

　　自認取得協約國公使的協助後，外交部製成了一份節略書，於 5 月 28 日送給義大利公使嘎貝娑（Carlos Garbasso）。內容參考了財政部先前給的事件報告書，強調上海德華銀行清理處是政府機關，中國政府未命令清理處受會審公廨審理，也未承認公廨有處理清理處事務，以及裁判白雪利案的權力，因此上海會審公廨對白雪利案的判決根本非法，中國政府認爲是「當然無效」；而且在財務上，白雪利受中國銀行委任協同辦理清理事務後，得到每月極爲優厚的津貼 1000 元，沒有再給予額外津貼的道理，其他的清理員也不曾提出如他一般的要求。但談及義大利駐上海領事曾經在此案偏袒白雪利時，是稱他沒有「平心」探究事實的緣故，不指責該領事故意祖護，給了一個臺階給義方下；但也不忘告知義大利公使：中方已經在 1919 年 1 月 18 日將詳盡事實，以及辯論理由等函送給協約國公使，請他們主持公道、否認上海會審公廨的裁判權，暗示中方另一方面已有備案，不一定要透過與義方

〔註 154〕《北洋政府外交部》，〈白雪利案當與英使商量〉，1919 年 5 月 14 日，中央研究院近代史研究所檔案館藏，館藏號：03-36-114-03-022。

〔註 155〕《北洋政府外交部》，〈白雪利案本公使不能幫忙〉，1919 年 5 月 14 日，中央研究院近代史研究所檔案館藏，館藏號：03-36-114-03-023。

〔註 156〕因材料的闕漏，目前法國公使的確切意見不明。《北洋政府外交部》，〈白雪利案抄送英美法三使問答〉，1919 年 5 月 21 日，中央研究院近代史研究所檔案館藏，館藏號：03-36-114-03-024。

交涉才能解決此事。最後稱嘎貝娑公使素來重視兩國敦睦，必能同意中方的提議。〔註157〕

　　嘎貝娑收到外交部的聲明後，不同於華蕾等人堅持執行原判決的態度，先找了白雪利商談處理辦法，白雪利因故未答應續任清理處顧問，因而陷入經濟困窘，因此希望能儘快結束該案，但主張中國政府應比照香港辦法，給予清理員一部分清理變賣後的所得。嘎貝娑取得白雪利的立場後，於 6 月 6 日函送給外交部回應，首先稱該案已受會審公廨判定，自己也主張「執行裁判分權獨立」、「法律神聖起見」，因此對該案無干涉道理；但亦表示自己剛到中國、初次與中國政府交涉，爲了兩國友誼起見，已經與白雪利接洽過並取得其意見。嘎貝娑認爲香港的辦法既然已經執行，必然是有公允之處，「可以爲標準而無窒礙」。最後稱自己本應堅持會審公廨的判決，不過白雪利既然自己提了「公平妥實」的解決辦法，也就可不復堅持了。〔註158〕外交部取得嘎貝娑的回應後，將其中白雪利要求的部份於 6 月 10 日函送給財政部定奪。〔註159〕

　　1919 年 7 月 16 日，財政部代表與華蕾進行了一次談判，試圖直接議定該給白雪利多少償金，應有意藉此突破雙方在法權上的爭執。華蕾在談判中列舉了律師費、辦理清理事務、在上海的各種債務等，要求至少提供 10 萬，但財政部只願意給 5～6 萬，稱超過該數則不予考慮。財政部代表本有意請華蕾再聯繫白雪利再度議價，但華蕾聲稱白雪利不知所蹤，或有感華蕾是有意不合作而聲稱無法聯繫白雪利，財政部代表便稱：「會再尋覓預備辦法」，隨後離去。〔註160〕時至 8 月，財政部擬定好了所謂的備案：請協約國公使公斷解決該案，並與律師林文德洽談。該律師與朱爾典會面過後，確認了朱爾典不能協助的立場，認爲芮恩施是較好的公斷人。至於公斷的辦法，最好是由外交部與義大利公使會商三點事情：（1）會審公廨所判決之要求應取消之，（2）白雪利的賠償要求由美國公使瑞恩施另邀公斷人公斷，（3）上海存款經彼此

〔註157〕《北洋政府外交部》，〈上海會審公廨判決白雪利案應請主持公道否認〉，1919年 5 月 28 日，中央研究院近代史研究所檔案館藏，館藏號：03-36-114-03-025。

〔註158〕《北洋政府外交部》，〈與白雪利商議辦法〉，1919 年 6 月 6 日，中央研究院近代史研究所檔案館藏，館藏號：03-36-114-03-026。

〔註159〕《北洋政府外交部》，〈白雪利抄錄與義使來往文件函請核辦〉，1919 年 6 月10 日，中央研究院近代史研究所檔案館藏，館藏號：03-36-114-03-027。

〔註160〕《北洋政府外交部》，〈白雪利案由〉，1920 年 6 月 10 日，中央研究院近代史研究所檔案館藏，館藏號：03-36-117-03-004。

同意，提存銀行聽憑公斷人處置。財政部接受林文德大部分的說法，在 8 月 18 日會同財政部的意見一起交給外交部，其中表示不能接受義大利公使的說法，認為香港辦法是英國的辦法，沒有直接適用中國的道理，因此請外交部與義大利公使會商林文德律師提出的三件事。〔註 161〕外交部得知後，將財政部拒絕的理由及期望會商的三件事，於 9 月 9 日一字未改的函送給義大利署使華蕾。〔註 162〕

　　9 月初將意見交給華蕾之後，遲遲未獲對方回應。10 月中旬中國駐義公使王廣圻（1877～？）與財政部皆詢問了外交部一次處理情形。〔註 163〕王廣圻於 14 日收到外交部回應，得知義大利方面尚未回復中方意見後，〔註 164〕便直接往義大利外務部一探究竟，終於發覺原因所在：義大利方面仍堅持會審公廨判決有效，因為中國政府既派律師、又將償金存於會審公廨，是「鐵證昭昭」、「決難後悔」。至於外交會商的部份不是不可，但美國公使芮恩施已經明白反對白雪利案，怎能能讓一個已經表態的人進行公斷？而且只能在中國承認審判有效以後才能進行會商。王廣圻幾次持中方的理由與該部主事者辯解無效，只好找同部的秘書長與政務司長進行個人談話，結果兩人可以認同中方的立場和理由，更稱義大利方面也曾竭力尋求其他解決方法以固兩國交情，但是中方處理的第一步（委派律師受審）就已經犯下大錯，受制於人，如果第一步沒錯，義大利方面對中國也是不能做什麼。王廣圻似乎沒有與兩人再行辯論，便整理所得回報外交部。〔註 165〕由於義大利方的立場直踩在中方的底線上：「不承認會審公廨判決有效」，導致了雙方的交涉必然不能有所進展，因此該案繼續懸而未決。

〔註 161〕　《北洋政府外交部》，〈白雪利案擬定辦法三端〉，1919 年 8 月 18 日，中央研究院近代史研究所檔案館藏，館藏號：03-36-114-03-029。

〔註 162〕　《北洋政府外交部》，〈白雪利案中政府擬定辦法三端請贊同見復〉，1919 年 9 月 9 日，中央研究院近代史研究所檔案館藏，館藏號：03-36-114-03-030。

〔註 163〕　《北洋政府外交部》，〈詢問白雪利情形〉，1919 年 10 月 14 日，中央研究院近代史研究所檔案館藏，館藏號：03-36-114-03-031；《北洋政府外交部》，〈白雪利案希會商義美公使解決辦法早日見復〉，1919 年 10 月 17 日，中央研究院近代史研究所檔案館藏，館藏號：03-36-114-03-033。

〔註 164〕　《北洋政府外交部》，〈電復辦理白雪利案經過情形〉，1919 年 10 月 14 日，中央研究院近代史研究所檔案館藏，館藏號：03-36-114-03-032。

〔註 165〕　《北洋政府外交部》，〈白雪利案〉，1919 年 10 月 20 日，中央研究院近代史研究所檔案館藏，館藏號：03-36-114-03-034。

二、中期交涉與寶道的參與

自 1919 年 1 月以來的僵局一直未能打破：中方派人參與了審判，但堅持判決無效，卻無法有效駁倒義方說法；義方認為判決因中方派人參與，所以有效，但又缺乏強制施行的手段與意圖。中方意圖訴諸公斷，但義方要中方承認判決有效以後才能進行；有機會打破僵局的第三方：協約國公使團也無積極的動作；也無法直接透過談判應給白雪利多少償金來解決，為此財政部曾經聲明會繼續尋找預備辦法，除了外交部已經得知義大利方否決的「芮恩施公斷法」外，財政部可能也請當時擔任德華銀行總清理處顧問、熟知國際法的寶道提出看法與意見。寶道因此對該案進行研究分析，於 1920 年 3 月 15 日完成了一份原定給外交部的意見書，其中提出了三個理由質疑上海會審公廨的審判權力，其大致如下所述。〔註 166〕

據寶道所述，財政部方面為強化中方立場，曾經考慮援引當時中國民法第 18 條的規定：中國法庭沒有裁判國庫的權力，除非該法庭所管區域以內，國庫派有代表辦理發生案件者才能受理裁判。但寶道認為白雪利案件的情形其實不適用於上述條例，若有某種情況下中國國庫仍受法庭裁判的話，寶道以為有以下三點可以與之爭論：〔註 167〕

（1）中國政府對會審公廨而言是外國法庭，而會審公廨對中國政府而言即為外國政府。以當時國際法慣例而論，一國法庭其實沒有裁判他國政府的權力，也就是一國政府也不能受他國法庭裁判。寶道稱當時有名的法律家對這種慣例已經有詳細說明，也有前例可循。以這個原理而論，中國政府就不能受上海會審公廨的裁判，即便中國政府因外國的治外法權而處於特殊的地位，寶道以為也不會動搖此法理的效度。

（2）上海會審公廨根本沒有裁判權。寶道以為這是因為條約上對於華洋相關案件曾授領事以裁判權，而會審公廨之裁判權即承繼於該項領事裁判權，本為領事之固有權及應盡義務兩者合成。所以會審公廨的裁判權既源於領事裁判權，就不能超出原有的範圍。而且按照中國與義大利的通商條約第 17 條，及其他各國條約相同之條件，無論外國人民為原告或被告，領事裁判權僅限於華洋人民之混合案件，但是據條約所載文字，對於政府之一切案件

〔註 166〕《北洋政府外交部》，〈抄送關於白雪利案寶道意見書二件由〉，1920 年 9 月 24 日，中央研究院近代史研究所檔案館藏，館藏號：03-36-145-04-006。

〔註 167〕〈抄送關於白雪利案寶道意見書二件由〉，1920 年 9 月 24 日，03-36-145-04-006。

「固可絕對摒棄也」。對於政府相關的案件既不在條約所載的華洋混合案件範圍內，自然不屬於上海會審公廨的裁判權。

（3）以條約與向來慣例而論。凡是外國人民對中國政府的要求必經外交手續，由該國人民所代表之使館與外交部交涉，從未有直接訴諸法庭的情況。在慣例仍爲世人所接受的情況下。外交部應不難引用在最近關於義大利私人要求中國政府的各個案件上（白雪利案）。

最後，寶道以爲上述三個理由已經非常明確了，義大利方面應難以否認，仲裁（公斷）法庭也不能置之不理。政府唯一的弱點在於：當初沒有在會審公廨上將上述論點提出並進行堅決的抗議，但現在提出仍非常正當。要是結果仍出乎意料，政府需要放棄法律原理的話，就可以透過中國民法第 18 條繼續抗議，寶道認爲該理由亦可決勝。只是寶道認爲政府的理由已經相當充足，不需要以該條法律爲後盾。〔註 168〕

財政部取得寶道意見書後，對意見書中的三點理由相當認同（頗有可采），甚至日後只依靠著寶道的意見，擺出了只能透過公斷方式處理的態度，如以下交涉過程所示。

1920 年 3 月，義大利新任代使杜腊酢（Marquis Carol Durazzo）在查閱卷宗時，發現義大利政府有將對中方提議的正式回應交給前任代辦，但臨行在即而未能提出，因此決定於 3 月 17 日往中國外交部當面提出：稱義大利政府無法同意由駐京美國公使芮恩施邀請公斷人公斷該案。與其會面的外交部次長陳籙仍只是強調中國爲一自主之國，不能受該會審公廨的判決，並認爲只有公斷才能解決該案；也再次遭到杜腊酢以「應一開始就聲明不受審，在判決之後才聲明未免太遲」來回應，雙方依然各持己見，只有一空泛「和平解決」的共識，〔註 169〕不過此時義方的態度不如以往的強硬，如杜腊酢在隨後以照會型式對中方的正式答覆中稱：

> ……此案由本使署與該管各部直接相商以便妥臻、雙方圓滿迅速了
> 結爲盼。設由政府機關以及特派委員出有若等提倡上開辦理，則本
> 公使亦行專心考察，以免延宕而敦友誼……〔註 170〕

〔註 168〕〈抄送關於白雪利案寶道意見書二件由〉，1920 年 9 月 24 日，03-36-145-04-006。
〔註 169〕《北洋政府外交部》，〈白雪利案〉，1920 年 3 月 17 日，中央研究院近代史研究所檔案館藏，館藏號：03-21-013-05-001。
〔註 170〕《北洋政府外交部》，〈德華銀行清理員白雪利事請查照由〉，1920 年 3 月 23 日，中央研究院近代史研究所檔案館藏，館藏號：03-21-013-05-002。

得到義方照會正式回應後，外交部將照會中上述的部份，附上與杜腊酢的會談內容後於 3 月 26 日送給財政部。〔註 171〕

如前所述，財政部認爲寶道的意見頗有用處，因此得到外交部的通知後，便於 4 月 3 日時將意見書中文抄件與英文原檔一同送往外交部，希望外交部能持該寶道的三點理由與義大利公使交涉，期望外交部能爭取到「公斷處理」的結果，因爲財政部方面以爲該辦法比「直接相商」更容易圓滿了結，顯示財政部方非常信賴寶道的意見。〔註 172〕

然而，外交部因故沒有採納財政部的意見，也沒有立即與義大利公使再次協商，外交部對該議題的處理要等到 6 月才再度開始，依據 9 日陳籙與來訪的杜腊酢會談時的說詞，事情之所以沒有進展是因爲「尙未與財政總長談及」，或許是認爲財政部、外交部、義大利公使三方輾轉商議太耗費時間，陳籙次長反對財政部拒絕「直接相商」的態度，提出由外交部接洽後，讓義方與財政部直接商議處理。杜腊酢同意該作法，稱其「較爲直接恰當」。〔註 173〕隔日，杜腊酢將一份義方整理的事件經過，及財政部代表於 1919 年 7 月 16 日與華蕾談判的內容，以及白雪利所需之律師費、辦理清理事務、在上海的各種債務等，以私函說帖的方式交給陳籙次長。〔註 174〕

此外，爲了探查杜腊酢屬意的解決方案，外交部派遣秘書朱鶴翔前往會晤。杜腊酢在該次的會談中，表示以往的交涉的停頓都是在因爲對上海會審公廨的審判效度各持己見。這次收到義大利中央政府指示要儘速了結此懸案，因此表示可以對判決「姑置不論」，深願能另籌一解決辦法。儘管如此，杜腊酢仍試圖替白雪利爭取若干賠償，只是有別以往的試圖爭取中方的同情心，如白雪利「幫助德華銀行不無勞動」、「訴訟與延請律師已費 5 萬 7 千兩」、「赴美尋覓位置亦無成就」、「已回羅馬與家人一同居住小旅館內，情形窘迫」，總之整體情況「殊屬可憐」。除了白雪利窘迫的近況外，杜腊酢也表示

〔註 171〕《北洋政府外交部》，〈白雪利案義使請由該館與主管機關直接商辦請酌核辦理由〉，1920 年 3 月 26 日，中央研究院近代史研究所檔案館藏，館藏號：03-21-013-05-003。

〔註 172〕中文抄件原因不明的只抄錄了寶道的三點意見。《北洋政府外交部》，〈送寶道顧問對於白雪利案之意見書由〉，1920 年 4 月 6 日，中央研究院近代史研究所檔案館藏，館藏號：03-36-144-02-002。

〔註 173〕《北洋政府外交部》，〈白雪利案由〉，1920 年 6 月 9 日，中央研究院近代史研究院檔案館藏，館藏號：03-36-117-03-003。

〔註 174〕〈白雪利案由〉，1920 年 6 月 10 日，03-36-117-03-004。

先前提議重聘白雪利爲財政部顧問，以供給該職位作爲賠償並結束該案的方法，因爲受到中國輿論及第三國人（如朱爾典）抨擊非議的壓力，白雪利不願意接受。總之，只要中方能給予 10 萬兩，則白雪利會自行向上海會審公廨取消訴訟，杜腊酢稱這是能給予的最大讓步，也是最好的解決辦法。〔註 175〕次長陳籙不滿意上述的交涉成果，於幾日後親自會面杜腊酢，稱義方要求的償金太高，中國政府在兩年間爲該案也耗費甚多，因此償金應大爲減少。杜腊酢再度陳述白雪利現在的窘境，希望陳籙能給予同情。陳籙無法接受義方的說法，即便杜腊酢主動降低到 9 萬銀兩，陳籙仍認爲金額太大，轉給財政部一定被駁回，所以對杜腊酢稱不便轉達交涉結果給財政部。雙方最後未能達成共識，又是不了了之。〔註 176〕至於交涉的結果，陳籙雖在交涉中稱將不便轉達，最後仍於該月 17 日轉達給財政部，大致告訴財政部：「只要給與白雪利 10 萬兩償金，白雪利就會撤銷訴訟案」。〔註 177〕

財政部接到交涉成果後，認爲義方的提議「誠意自極可感」；但因寶道新提出的意見更讓財政部滿意，導致財政部仍主張將本案公斷處理，並將 4 月間給外交部的咨文，及寶道新的意見書一同送往外交部，有意要外交部藉寶道的說詞再與義方交涉。〔註 178〕

寶道新的意見書是將先前幾小節的論述擴大爲五大節，添增了許多他認爲該據理力爭的議題，以及中國政府有利的論述，該五節內容如下略述。

第一節，寶道認爲中國延聘的律師，在 1918 年審判召開時並未據理力爭的幾項事情，如（一）上海會審公廨無權、不能審判屬於中國政府機關的會審公廨；（二）原告（義大利方）並未證明其聲稱的，白雪利應得的清理款項爲正當；（三）中方律師並未準備各種文件證明白雪利的爭執毫無理由，如白雪利有領特別薪水，且白雪利在信件中也表明了對薪水滿意。證據甚多，若當時有全盤托出，政府本能勝訴。（四）中國律師對於會審公廨、義大利方要求的金額並未提出辯論，若有提出必可大爲減少。儘管提出了種種說法，寶

〔註 175〕 《北洋政府外交部》，〈白雪利案由〉，1920 年 6 月 14 日，中央研究院近代史研究所檔案館藏，館藏號：03-36-117-03-005。

〔註 176〕 《北洋政府外交部》，〈白雪利案由〉，1920 年 6 月，中央研究院近代史研究所檔案館藏，館藏號：03-36-117-03-002。

〔註 177〕 《北洋政府外交部》，〈白雪利案由〉，1920 年 6 月 17 日，中央研究院近代史研究所檔案館藏，館藏號：03-36-117-03-006。

〔註 178〕 《北洋政府外交部》，〈白雪梨案〉，1920 年 7 月 5 日，中央研究院近代史研究所檔案館藏，館藏號：03-36-145-02-009。

道以為對往事懊悔也沒什麼意義，對會審公廨審判的結果政府只能置之不理。〔註179〕

　　第二節，寶道敘述財政部「公斷解決方案」形成的經過，也是寶道陳述自己對事情的理解。首先，財政部擬定事情經過的說帖後，送交駐京協約各公使，請求取消判決未獲回應；上海會審公廨雖然接受中方上訴，但找不到其他機關受理；各國公使雖然對此事為中國政府感到不平，也未發起任何行動，寶道以為這是各國公使沒有權力所致。因此財政部於 1919 年 7 月 16 日曾經接洽，以 5～6 萬銀兩之數試圖了結此案，但受義方回絕而作罷。最後只好採用公斷法解決，然而在計畫成熟前，預定的公斷人：美國公使芮恩施已經離開北京，導致現在仍無法解決該案。〔註180〕

　　第三節，寶道陳述公斷為何是最好的辦法，以及白雪利如果同意公斷的話，中國政府該注意什麼事情。據寶道所述，採用公斷法的話，中國政府可以重提有關該案的所有證據（也就是可以彌補 1918 年中國律師所犯的錯），即使仲裁人仍宣告白雪利勝訴，政府也不負任何責任。綜合上述的優點，因此寶道認為公斷是處理該案的最好辦法。但中國政府如果真的採用該辦法時，必須注意幾項事情：〔註181〕

　　（一）義大利使館必須是白雪利的全權代表，否則政府無論怎麼和義大利使館達成什麼協議，白雪利都可以不負責任（不同意協議或拒絕撤銷告訴）。所以寶道認為無論是哪方提出公斷，外交部都應該先與義大利接洽，確認義大利使館是全權代表白雪利，或由白雪利自行選擇代表，若權限不明，最好不要與義大利使館或任何方提議此事。

　　（二）義大利使館全權負責，或白雪利自選代表也能負全責後，公斷人最好具有法學學識，或是領事裁判官。寶道認定的最佳人選瑞恩施離開北京後，他認為可選荷蘭公使或是比利時代使；若雙方不能在公斷人上達成共識的話，寶道認為可以由雙方推舉的公斷人共同推舉另一位公斷人，這樣手續比較簡單。

　　（三）處理公斷的一切費用應由政府負擔，此點政府必須事先聲明，以免白雪利以「失敗不但得不到要求的清理費，還要負擔公斷費用」這樣的理由，拒絕公斷辦法。

〔註179〕〈白雪梨案〉，1920 年 7 月 5 日，03-36-145-02-009。
〔註180〕〈白雪梨案〉，1920 年 7 月 5 日，03-36-145-02-009。
〔註181〕〈白雪梨案〉，1920 年 7 月 5 日，03-36-145-02-009。

（四）公斷人要有權詢問事由、調查案件、招集證人等權力，而且雙方都要有權僱用法律人員辯駁對方的證據。

（五）要公斷人解決的問題要慎重提出，因爲公斷人須因提出的問題，判斷白雪利除了上海德華銀行清理分處按月給薪千元外，是否應得其他酬勞；如果有其他應得酬勞，究竟應得多少。

（六）中國政府只能在白雪利聲明放棄上海會審公廨判決、案件作廢、先前存於會審公廨的款項回收後，才能承認與進行公斷辦法。

第四節，寶道討論若給白雪利的償金還有討論空間，應該怎麼討價還價，寶道爲此提出四項方針：〔註182〕

（一）白雪利自 1917 年 8 月起至離職前，按月給薪的千元洋圓爲清理員的特別津貼；既有此特別津貼，照理而言就不能再要求若干清理費；既然白雪利要求清理費，就不能再給津貼，因此判給白雪利的清理費，應扣除已給付的津貼約 15000 圓。

（二）依據西洋法律習慣，如以清理款項給付酬勞者，其酬勞包括清理事務的各項費用，這種清理酬勞計算法咸少適用在清理大公司或商店；即便適用，而且可以收 4～5％的酬金的案例，清理員也需要獨立工作，僱用書記、信差或添購用品等一切費用均由清理費支出。更何況此種清理員是營業性質，以清理數目多寡爲計算酬勞的標準。白雪利顯然不屬於這一類（有支領中國政府給的特別費），因爲清理事務中書記僱用、帳目事務均由清理處派員，或德華銀行舊員辦理，並由德華銀行既有資產支付任何費用。如白雪利堅持支領清理費，那清理費應要扣除上述大筆費用才合理。

（三）白雪利不是上海德華銀行清理處唯一的清理員，如果會審公廨認爲白雪利可以領 4％的清理費，這 4％還需要與同爲清理員的中國銀行駐上海經理：宋漢章均分，最多也只能要求 4％中的半數而已。

（四）清理事務並非完全託付兩清理員，兩員由政府任命、不能單獨行事、受政府監視管轄；如須給予上海兩員清理費，則總清理員、總清理處應分的費用也要從判給白雪利的款項中扣除。

寶道自認上述方針能彌補先前中方律師在會審公廨未能盡到的責任，而且寶道稱自己已經過深思熟慮，並準備爲該四項方針辯護，充份展示了其自信。〔註183〕

〔註182〕〈白雪梨案〉，1920 年 7 月 5 日，03-36-145-02-009。
〔註183〕〈白雪梨案〉，1920 年 7 月 5 日，03-36-145-02-009。

　　陳述上述理論以後，寶道轉論實際執行方針，他以為即使照會審公廨的說詞應給清理員 4%的費用，該費用也該如下以方法分攤。（一）扣除上海德華銀行清理處購置、用人、留用舊德華銀行人員、白雪利在職時郵電、印刷等費用。（二）扣除北京總清理處人員薪資、購置，只要是上海分處扣除的費用，北京總清理處應一併扣除。（三）清理費應有一部分為總清理員酬金。（四）剩餘清理費還有一半要分給同為上海清理員的宋漢章。（五）扣除白雪利任職時給予的薪俸。（六）若能將此 4%的費用作為恢復和平後，將上海得華銀行剩餘資產歸還該行的行為，白雪利所得的部份，就僅有服務之時扣除上述 5 條後，應得的費用，但寶道對最後一點沒有詳細研究，所以稱不敢斷然主張與使用。〔註184〕

　　最後一節，寶道提出了中義雙方爭議外的問題，也應是上述最後一點是否成立的關鍵：中國政府對沒收的德僑私產，到底抱持何種態度？寶道參考協約國的方針，與《凡爾賽條約》的辦法，認為中國對德人財產處理僅有兩方針：（一）繼續管理或清理，直到全數變賣為政府支配的現金。（二）按照清理現況物歸原主。以第一種方法處置的話，白雪利案就容易解決，因為德華銀行清理後財產由政府全權支配，就可以應付白雪利等第三方的要求。但以第二個方案處置的話，就可將白雪利案暫時擱置，讓整個交還財產的作業完成後，白雪利自行向德華銀行設法索取即可。因為第二方案，也就是歸還已經清理和償還債務後剩餘的財產，因白雪利案所存在會審公廨的錢也是德華銀行財產一部分，寶道以為會審公廨判白雪利應得的財產，也可算為德華銀行的債務一部分。因此寶道以為第二方案較為複雜，除了要停止交涉白雪利案，讓白雪利自行處理外，還要對歸還德人私產一事附加條件：「德國或德人正式對於以前之清理手續當然承認，不得再生他項問題；歸還財產即照現狀收回，預先聲明放棄一切要求方為妥協也。」〔註185〕

三、後期交涉與寶道意見的評價

　　外交部收到財政部及寶道的意見書後，並無留下任何紙上的評論，僅將財政部「仍由公斷人公斷為是」的主張，於 7 月 6 日轉告給義大利外交部。〔註186〕

〔註184〕〈白雪梨案〉，1920 年 7 月 5 日，03-36-145-02-009。
〔註185〕〈白雪梨案〉，1920 年 7 月 5 日，03-36-145-02-009。
〔註186〕《北洋政府外交部》，〈白雪梨案〉，1920 年 7 月 6 日，中央研究院近代史研究所檔案館藏，館藏號：03-36-145-02-010。

雖然一直聲稱要盡早了結白雪利案，義大利公使杜腊酢遲至當年 9 月 15 日，才安排出時間與外交總長顏惠慶討論該案，在該次會談中，杜腊酢大致重述了白案經過、權宜處置、盡快解決該案想法、與陳籙曾討論的內容，當談及財政部曾經有重新聘用白雪利爲顧問時，顏惠慶認爲該辦法「尚屬公允」，但稱白雪利如有意願重新擔任顧問，必須先消除「雙方隔閡」，杜腊酢應是聽出其中弦外之音，稱若不給予白雪利一定的現款（似乎正缺乏生活資金），恐怕白雪利頗難服氣，並請顏惠慶向亦聽聞白雪利生活近況的秘書朱鶴翔詢問詳情，顏惠慶或許自認對該案還有不熟悉之處，無法立刻談出成果，因此以「洽詢朱君」爲由結束會談。〔註 187〕顏惠慶與朱鶴翔洽詢後得出了什麼不得而知，但外交部或又詢問了財政部的意見，財政部於 9 月 24 日直接將寶道的兩份意見書再送給外交部，據日後外交部在函件中的說詞判斷，財政部或許是將兩份意見書作爲其主張公斷辦法的背書，財政部一再直接送出其意見書來表達立場，顯示了寶道的意見實在深得財政部主事者的信賴。〔註 188〕

　　得知財政部立場後，外交部或也急於結束，決定給予白雪利 5 萬銀兩作爲調停結束的償金，並於 28 日發函告知杜腊酢中國外交部的主張，對杜腊酢稱如果願意照該數結束此案，請轉令白雪利向上海會審公廨取消訴訟，否則只有訴諸公斷一法。至此，外交部應多少也認同了經寶道背書後，財政部堅持公斷的立場；不然就是經寶道背書後，外交部也再難反對財政部的態度。〔註 189〕29 口，顏惠慶再度與杜腊酢會談，由於杜腊酢表示沒有收到前口外交部發送的函件，所以顏惠慶只好以口頭再行陳述一次中方的立場，與對義方態度的理解，顏惠慶認爲雙方立場的差異僅在於應給白雪利多少酬勞，該問題可透過公正人公斷處理，不宜再作外交問題延長交涉。杜腊酢此時再持義方一如既往「司法神聖」的立場，認爲白雪利案已是上海公堂判決，怎麼能讓合法正式的判決再受公斷？顏惠慶認爲義方可勸白雪利向上海會審公廨取消訴訟案後，再行公斷解決，如此可以化解因該案生成的許多誤會。後

〔註 187〕　雖然顏惠慶並未明言此隔閡是什麼，但以會審公廨的判決最爲可能。《北洋政府外交部》，〈白雪梨案〉，1920 年 9 月 15 日，中央研究院近代史研究所檔案館藏，館藏號：03-35-145-04-005。

〔註 188〕　〈抄送關於白雪利案寶道意見書二件由〉，1920 年 9 月 24 日，03-36-145-04-006。

〔註 189〕　《北洋政府外交部》，〈白雪利案〉，1920 年 9 月 28 日，中央研究院近代史研究所檔案館藏，館藏號：03-35-145-04-007。

雙方稍微討論了德華銀行與清理局的地位後，杜腊酢承認該案實在讓雙方彼此為難，並會加以研究顏惠慶提出的說法。〔註190〕

然而，這一研究又是遷延許久。1920 年的 12 月 8 日，顏惠慶與杜腊酢的一次會談中，曾談及財政部、中國外交部、義大利外交部三方各推派一個公斷委員的事宜，此方案與寶道第二份意見書中的第 3 節相近，或許是受到寶道意見的啟發。杜腊酢雖覺得可行，但遲遲沒有提出人選。〔註 191〕至 1921 年 3 月 2 日，杜腊酢仍稱該案有許多事情要研究，無法給予明確答覆。〔註 192〕最後，應是該案遷延時間實在過久，外交交涉又了無成果，財政部方面轉而採取先前反對的「直接相商」辦法，請了律師穆安素到北京設法調停，終於與義大利公使於 5 月達成三項協議，於 11 日將內容轉告給外交部：

> 一、白雪利經由律師，應立即向上海會審公堂取消要求經手費控案。
> 二、現存上海會審公堂之德華銀行清理處款項，現銀十九萬六千四百四十七兩四錢二分連同利息，應全數無條件繳還北京財政部，不另給費，並不得有他項條件。三、財政部同時給予白雪利酬金現銀六萬兩。〔註 193〕

隨後，江蘇交涉署於 5 月 22 日向外交部報告，白雪利的代表與德華銀行清理處的代表穆安素律師已經正式撤銷訴訟案，曾繳交的款項由清理處代表領回。〔註 194〕至此，自 1918 年年底以來，拖延兩年多的案件終於大致結束。

以最後給予白雪利 6 萬銀兩的結果而論，算是中方獲得了交涉的勝利，義大利不再堅持中國必須承認上海會審公廨的審判有效，白雪利無法取得原先審判判給的 18 萬，也得不到義大利署使、公使等人堅持的 10 萬，而是財政部聲稱能給白雪利的最高金額 5～6 萬元。而且財政部取回了存在會審公

〔註190〕《北洋政府外交部》，〈白雪利案〉，1920 年 9 月 29 日，中央研究院近代史研究所檔案館藏，館藏號：03-35-145-04-008。

〔註191〕《北洋政府外交部》，〈白雪利案由〉，1920 年 12 月 8 日，中央研究院近代史研究所檔案館藏，館藏號：03-36-117-03-007。

〔註192〕《北洋政府外交部》，〈白雪利案〉，1921 年 3 月 2 日，中央研究院近代史研究所檔案館藏，館藏號：03-21-013-05-004。

〔註193〕《北洋政府外交部》，〈意人白雪利案經穆律師調停已了結茲抄送調停辦法請查照由〉，1921 年 5 月 11 日，中央研究院近代史研究所檔案館藏，館藏號：03-21-013-05-005。

〔註194〕《北洋政府外交部》，〈義人白雪利追訴德華銀行清理處應予勞金賠償案已撤銷由〉，1921 年 5 月 23 日，中央研究院近代史研究所檔案館藏，館藏號：03-21-013-05-006。

廨，原先以爲能讓中國上訴，但實際上毫無效果變成純粹擱置的大筆費用。但該項調停最重要的結果是：中國政府不會受到一個外國政府控制的法庭審判。雖然並非成功替中國爭取了更平等的國際地位，但至少免中國政府於一次外國政府的無理要求，在此所謂的無理並非白雪利不該受到什麼補償，而是義大利外交人員所謂會審公廨對中國政府單位：上海德華銀行清理處的審判是「有效的」、「神聖的」、「一經判決不該改變的」；無論是法理上、條約上、還是心態上，白雪利案既然涉及中國政府單位，就應該透過交涉來處理，因爲據寶道所述，當時國際法上並沒有一國法庭審判他國政府的事情，各國因「最惠國待遇」而享有的治外法權、領事裁判權，也不涉及個人與中國政府相關的案件，而是民間私人之間的案件；〔註195〕心態上更是連義大利外交人員都能認同中國：「政府不能受他國法庭審判的」立場，只是一直認爲中方「派人參與審判」就是承認法庭審判有效，然而，最終交涉的結果顯示，義方的堅持並沒有太大的道理，中方幾乎達成了所有的訴求。至於寶道在本案中，雖然不如外交官員們四處奔波、明查暗訪，但是其細心研究的成果取得了財政部完全的信賴，使 1920 年起的中期交涉，財政部的得以堅定其公斷的立場，以寶道的意見回應一切義方的要求，甚至後期外交部也認同了其意見與財政部的立場，堅持與義大利談公斷的辦法。在最後由律師穆安素的調停中，以財政部自 1920 年 3 月來對寶道意見的信賴，可猜想財政部應有持其意見與義大利做最後的交涉，因此才能取得一面倒對中國有利的結果，可以說在這個案件上，寶道協助中國免於財務的嚴重損失，更重要的是維護了中國的土權。

〔註195〕吳頌臬，《治外法權》（上海：商務印書館，1933）

第四章　華盛頓會後提出的主要意見

　　就目前所知，寶道於 1920 年完成對白雪利案的意見書後，接著前往奉天（今瀋陽）與福開森（John Calvin Ferguson）、辛博森（Bertram Lenox Simpson）等顧問一同實地調查，到底如何能使當時仍駐在北滿州的日軍撤退。寶道等人於 6 月完成調查，但在該議題中寶道出力多少並不明確，寶道僅於報告最後署名而已。〔註 1〕隨後，寶道於 8 月中旬時，在外交總長顏惠慶要求下，針對如何廢止（宣告無效）1881 年與俄羅斯簽訂的通商條款（《伊犁條約》）提出意見，後於 8 月 27 日完成了一個重點討論其中第 15、16 條，以及條約修改期限的意見書。〔註 2〕寶道於 1921 年的事蹟因材料不完成，目前無法明瞭；1922 年後，寶道參與了眾多中國的財政事務，如參與「德國對中國戰事賠款交涉」〔註 3〕，7 月被任命為「全國財政討論委員會」委員之一，對「關於清理沒收在中國德僑私人財產問題」、「整理外債」、「中德賠款問題」及修正案的意見、「奧國借款」、「整理無抵押債款」、「建議中國財政改造及債務統一」等議題提出意見。〔註 4〕

〔註 1〕《北洋政府外交部》，〈調查日俄事〉，1920 年 6 月 17 日，中央研究院近代史研究所檔案館藏，館藏號：03-32-074-01-003。

〔註 2〕《北洋政府外交部》，〈中俄條約十五、十六兩條修改期限事〉，1920 年 9 月 2 日，中央研究院近代史研究所檔案館藏，館藏號：03-18-038-01-011。

〔註 3〕寶道於該議題的事蹟已有研究成果，可詳見：唐啓華，《被「廢除不平等條約」遮蔽的北洋修約史（1912～1928）》，頁 122～128。

〔註 4〕財政科學研究所、中國第二歷史檔案館編，《民國外債檔案史料》（北京：中國檔案出版社，1990），第一卷，頁 288、248、308、557、255、258、259、557；財政科學研究所、中國第二歷史檔案館編，《民國外債檔案史料》，第八卷，頁 465；戚如高編選，〈北洋政府審計院外籍顧問寶道等改革中國審計制度的建議〉，《民國檔案》1994 年第 1 期，頁 11。

　　與財政議題相對的是，寶道參與的外交議題減少，這除了與財政事務繁忙有必然的關係，也可能與中國政府人員逐漸熟稔國際法，以及國際秩序運作有關，因此不需凡事向顧問請益。儘管如此，在華盛頓會議結束後至北洋政府結束的 1928 年間，寶道但仍參與了重大的外交議題，如中國國會籌議廢棄《中日民四條約》及中日到期修約案，可見北洋政府始終保持著對寶道才能的重視與肯定。

第一節　對國會籌議廢棄《中日民四條約》的意見

　　面對《中日民四條約》這一不平等、頗感屈辱的條約，中國政府自 1919 年以來便有設法取消的企圖，而且因此助長了修約觀念的發展。在華盛頓會議中，王寵惠在提出廢止該約的理由如下：（一）該約只有對日本片面有利。（二）該約要點破壞中國與他國所訂的條約。（三）該約內容與華盛頓會議中通過與中國相關的原則不兼容。（四）該約已經引起中日歷久的誤解，不設法廢棄將來必定會擾亂兩國之親善等，〔註5〕然而該約的存廢因日本堅持有效而無法廢止。但中國政府並不放棄廢除該約的希望，國會議員在華盛頓會議結束後，便開始籌擬新的廢約行動。〔註6〕

一、國會方針與外交部和寶道的意見

　　1922 年 9 月間，中國國會議員試圖從共和憲法上的「程序」問題，要求國會補行否決《中日民四條約》，加上 1923 年 3 月 26 日日本對旅順、大連兩租借的租約將期滿，應即時廢止該約。國會議員與外交總長顧維鈞討論過後，顧維鈞認為由國會自動聲明否認為佳。1922 年 11 月，議員劉彥、張樹森等 120 餘人提請將《中日民四條約》之中日協約及換文等，由國會議決無效，資請政府宣告。該議案於 1923 年 1 月通過，該案通過的理由如下：（一）該協約由脅迫達成，按照國際法而論當然無效；（二）該協約未經中國國會同意，按照中國約法而言當然無效；（三）該協約已經屢次經政府代表以上述理由在國

〔註 5〕唐啓華，《被「廢除不平等條約」遮蔽的北洋修約史（1912～1928）》，頁 164～166。
〔註 6〕吳翎君，〈1923 年北京政府廢除《中日民四條約》之法理訴求〉，《新史學》第 19 卷第 2 期（2008），頁 154、163。

際會議席上聲明取消，當然無效。〔註7〕該決議於1月26日在參議院亦通過，並且指示外交部著手辦理。〔註8〕

　　當時國會認為必須盡快提出廢約案的理由有以下四點，（一）「時機」：中國先於巴黎和會否認《中日民四條約》，於華盛頓會議要求撤廢雖未果，但獲各國承認保留案，遇有機會再議，而旅大即將期滿是最佳時機；（二）「國際法」：該約是日本武力強迫而成，支配中國主權、極為不平等，不僅與國際間平等原則相反，更與各國之前訂立之條約自互抵觸，中國絕無履行義務；（三）「中國約法」：中國臨時約法，凡與各國協訂條約，非經國會通過不能發生效力。日本限時強迫袁世凱政府承認，不待國會成立，提出通過即與協定，違反國約，當然無效。況全體國民反對於前，國會又多數通過無效於後，絕無履行之義務。（四）「世界各國之先例可援」：近代飽受俄國侵略、簽訂喪權辱國條約的土耳其為例，在英國的干涉後，俄國廢棄前約，因此中國可援例辦理。雖然這次國會訴求仍延續歷年來「強迫訂約」與國際法相違背的主張，不同的是將國內法與國際法效力問題加入討論。〔註9〕

　　外交部接到指示後認為需要慎重辦理，因此立即著手研究外，亦發電請駐美代辦容揆（1861～1943）邀請曾經為中國政府顧問的韋羅貝加入研究。〔註10〕此外，當時的外交部次長也邀請寶道提出意見。〔註11〕

（一）寶道的意見

　　受邀提出意見的寶道遲遲未接獲與議題相關的官方文件，因此他便改以當時報紙上透露的訊息作為研究對象，並針對大會認為應當廢棄該約的兩大理由：（1）強迫訂立、（2）違反中國憲法，提出了自己的見解，他的說帖於2月2日完成，內容如下所略述。〔註12〕

　　首先，寶道不認為強迫訂立的條約為無效。因為但強迫訂立的條約不僅國際法學家認為必須認可（如哈爾、朋斐等人），而且在政治現實上也有必要

〔註7〕吳翎君，〈1923年北京政府廢除《中日民四條約》之法理訴求〉，頁163～166。
〔註8〕《北洋政府外交部》，〈眾院議決無效之二十一條業經參院可決〉，1923年1月26日，中央研究院近代史研究所檔案館藏，館藏號：03-33-101-01-017。
〔註9〕吳翎君，〈1923年北京政府廢除《中日民四條約》之法理訴求〉，頁166、154。
〔註10〕《北洋政府外交部》，1923年1月27日，〈密件〉，中央研究院近代史研究所檔案館藏，館藏號：03-33-101-01-018。
〔註11〕本件收發時間不明。《北洋政府外交部》，〈條約之約束力〉，中央研究院近代史研究所檔案館藏，館藏號：03-33-101-05-007。
〔註12〕〈條約之約束力〉，03-33-101-05-007。

性與合理性，如正式結束歐戰的條約，要求戰敗國承擔的義務。與中國切身相關的是，日俄戰爭後，日本也是在俄、德、法三國的壓力下，才被迫放棄遼東半島。寶道因此以爲如果中國的邏輯是有礙世界永久的和平。更何況，寶道從外交部公布的談判記錄中得知，在日本發佈最後通牒前 2 個月，第 8 次全權代表會議上，中方代表已經允諾延展旅順、大連租借，及南滿、安奉鐵路的讓與權至 99 年爲止（兩者是中國議會最關心之處）。因此寶道認爲該兩項權利的讓與，甚至不是在中國自己的邏輯：「強迫訂立」下讓出的，所以中國如果要設法廢棄《中日民四條約》，不能提出「強迫訂立」這一理由，〔註 13〕否則不僅不符國際法、現實秩序、過去中國既得利益，甚至與事實不符、自相矛盾的風險。

其次，寶道針對議會提出的「違反憲法」理論提出國際法上的看法。寶道先陳述自己對中國論述的觀察，他認爲中國議會以恢復民初約法爲契機，否認袁世凱當年簽約違法這件事，在中國國內法理上縱然合理，但在外交事務上不會考慮一國政府是否合法，只會尋找何者是事實上成立的政府；因爲檢視一政府合法、有權與否，會有干涉他國內政的疑慮。以此理論觀察的話，1915 年時的袁世凱政府不僅受到中國國內多數人承認，也受到國外多數國家承認，恐怕難以否認當年該政權在外交事務上的正式性，導致該政權的行爲能合理的束縛中國。〔註 14〕也就是證明袁世凱政權是否合法並不重要，國際法上並不考慮這點，這不是一個適當的理由。

因此，寶道對法律觀點進行一結論，他認爲要找到上述有關強迫訂立、違反憲法的反論相當容易，外交部的法學家可輕易的再次證明；但寶道認爲沒有再鑽研法理的必要，因爲寶道認爲以該論述與日本政府交涉必然失敗，甚至最同情中國的友邦國家也不會支持，因爲世界上不僅有許多條約是強迫訂立（凡爾賽條約等和約），而且多數國家憲法迄今也未確立（如新成立的各國），貿然提出不過是鞏固了日本的合理地位。如此，還不如提出在道德公允是否公允這類高尚的理由，如華盛頓會議上山東問題得以有所解決，並非指稱中日協約失效，而是將該問題置於世界輿論之前。〔註 15〕到此爲止，寶道認爲中國在法理上完全弱勢，所以不贊成對透過法理對抗《中日民四條約》，

〔註 13〕 〈條約之約束力〉，03-33-101-05-007。
〔註 14〕 〈條約之約束力〉，03-33-101-05-007。
〔註 15〕 〈條約之約束力〉，03-33-101-05-007。

而是認爲中國應仿照華盛頓會議時解決山東問題的模式，也就是寶道屬意的
方案：政治解決。

　　不過，寶道的政治解決方案也不容易，複雜的需要透過長篇大論來陳述。
首先，寶道以爲列強在中國的租借地，如日本的旅順、英國的威海衛、法國
的廣州灣都是遠東維持「勢力均衡」的舊政策，但他認爲這個政策在華盛頓
會議以後已經遭到拋棄，日本已交還德國在山東的租借地，英法兩租借地也
將歸還，應要求日本跟進各國的政策。〔註16〕

　　此外，閱讀了華盛頓會議紀錄後，寶道以爲中國代表主張《中日民四條
約》無效論並未得到與會國的同情，因此王寵惠代表再行討論時，便沒有繼
續堅持該約無效；而且即使事後用詞模糊，中國立場仍得與會數國同情，如
各國雖然並未全數採納中方說詞；但沒有採納日本說法，且表示中國的要求
並非無理，更不會干涉兩國的直接交涉。最後，從各國容許中國增加關稅、
取消客郵等利益，並調解山東問題等態度可得知，各國試圖給予中國機會表
現其統治能力，但此可能僅爲一種試驗，如果試驗結果不利於中國，恐怕列
強不會把其他重要讓出的權利交還。〔註17〕

　　上述種種跡象顯示，華盛頓會議後的國際情勢是對中國有利的，因此寶
道以爲中國可具體實行一套辦法。首先，外交部可以給予日本一包含下列事
項的照會：（一）以中國輿論爲後盾，繼續要求日本取消《中日民四條約》；（二）
表示中國的輿論已經國會兩會通過，具有某種勢力及特殊權力，並會以正式
的決議文通知；（三）再表示中國政府非常願意與日本磋商；（四）如日本政
府不願意磋商，中國將透過國際聯盟盟約第15條或19條，將該議題送交國
際聯盟辦理。而寶道認爲，第19條最因爲可以請聯盟各國重新審查「不適合
維持現狀及危及世界和平的條約」，所以建議中國政府有必要時應採行第 19
條盟約的方案。〔註18〕

　　陳述完了對日方針，寶道認爲有必要爲了上述方案，給予中國議會一解
釋說詞。如將《中日民四條約》的問題在國際聯盟提出，是利用華盛頓會議
時各國表示出的「贊同之意」，再向參與該會的九大國重行申訴，使該案得透
過國際聯盟處理；但需要注意的是，國際聯盟在遇到爭執時，个會求立即解

〔註16〕〈條約之約束力〉，03-33-101-05-007。
〔註17〕〈條約之約束力〉，03-33-101-05-007。
〔註18〕〈條約之約束力〉，03-33-101-05-007。

決，甚至反應極爲遲緩；然而中國也不必催促，因爲前數月來中國政府雖然急於收回領土，可是無法保證有效管理及說服國際聯盟，最後可能產生惡果，而且一國因內亂而分裂，在外觀感必然不好（直皖戰爭）。所以與日本交涉時，應是提出一回收權利的積極辦法，如準備提案與具體計畫，而在提案上也不必堅決爲佳。寶道並自行擬定了提案條文如下：〔註19〕

（一）南滿鐵路照原訂租約無條件交還，即八十年租借期第三十六年（一九三九年）起可贖回之。（二）安奉鐵路原租約於一九二三年至一九二四年間滿期，亦可於一九三九年贖回，俾與南滿鐵路同樣辦理。（三）至旅順口岸，亦於一九三九年租借期滿，較之一九一五年協約內之延長期限縮短六十年。（四）關於南滿州東部，內蒙古之條約與換文，只可要修求改細則，因國內一部份已經開放，不能再關閉之。（五）漢冶萍事可取消交換文件。〔註20〕

寶道認爲，以上五種問題若都能解決的話，就算是完全取消《中日民四條約》並且代以新約，中日關係及因爲二十一條要求造成的一切「可痛事變」的名稱與紀念就可消滅了。〔註21〕

（二）外交部的意見與作法

寶道的意見書於 2 月 2 日完成後，外交部也於 4 日接到韋羅貝稱「中日政策上變動頗多隔膜、茲事關係重大、不敢貿然從事」，因此不克提協助的事情。〔註22〕外交部自己完成了研究後，也有與韋羅貝相同：「不敢貿然從事」的看法，並製成了一份說帖交給國務院詳述理由。該說帖簡述了自民國四年簽約以來，自華盛頓會議時抗議與交涉廢棄約的過程，在外交部成員的眼中，交涉過程中列強並沒有對中國特別友善、值得記錄的情形。至於國會宣佈《中日民四條約》無效，可以說是中國全民宣佈該約無效，是發起對外交涉的另一理由；但近日要廢棄該約仍有所困難，外交部列舉了以下 6 項需要顧慮的理由：〔註23〕

〔註19〕 〈條約之約束力〉，03-33-101-05-007。

〔註20〕 〈條約之約束力〉，03-33-101-05-007。

〔註21〕 〈條約之約束力〉，03-33-101-05-007。

〔註22〕 《北洋政府外交部》，〈復二十七日密電〉，1923 年 2 月 4 日，中央研究院近代史研究所檔案館藏，館藏號：03-33-101-01-009。

〔註23〕 該份說帖無法確認明確的發佈日期，僅能從檔案的排序判斷，應是在 2 月間完成的。《北洋政府外交部》，〈宣佈二十一條無效事〉，中央研究院近代史研究所檔案館藏，館藏號：03-33-101-01-020。

（一）近日所知日本對於維護該約的態度頗爲強硬，萬一受到斷然拒絕要如何是好，必須預先籌備。

（二）即便是強迫訂立，在國際外交史上也有成立的例子，如德法在大戰前的摩洛哥條約，大戰後的《凡爾賽條約》。

（三）其實近年列強是「以尊重條約相榜」，此時宣佈廢棄，中國是否會投鼠忌器？

（四）國會同意與否是國內議題，恐怕不能拘束日本。

（五）目前仍有許多也是經中國國會承認，但尚未批准的條約、合同，要是產生牽連會影響甚大，因此需要審慎考慮。

（六）1871 年俄國曾經單方面宣佈《巴黎和約》無效，導致了歐洲各國抗議，並在日後的倫敦會議上，將「條約之廢除須經締約國同意」列爲國際公法原則之一。

其實外交部想表達的是：無論是國際法理、國際情勢來看，近期與日本交涉都沒有勝算。

因有上述 6 項顧慮的理由，外交部在說帖最後表示：該案恐有許多後顧之憂，要愼重考慮，並詢問國務院是否要立即宣佈兩院議案，宣佈的理由、手續爲何？萬一日本拒絕後下一步又該怎麼做？稱此事非外交一部「所敢擅擬」、「理合提請公決」。[註24]外交部在此議題上應非不敢處理，而是外交部在巴黎和會自華盛頓會議以降，幾經交涉與研究後，已經認爲在這個時間點上，以國會的理由絕不可能扳倒日方說詞，使對方廢棄條約，貿然提出風險很大，但也不願意僅由外交部承擔失敗的責任，該說帖應期望國務院能再行考慮，或者是將上述顧慮告知議會後，再舉行「公決」決定。[註25]

不過，外交部內也有不太一樣，認爲此時廢除《中日民四條約》是可行的聲音，如徐東藩（1886～1949）於 2 月 24 日完成的一份長篇說帖。[註26]

〔註24〕〈宣佈二十一條無效事〉，03-33-101-01-020。

〔註25〕此說帖雖有可能晚於寶道的意見書完成，而且兩者些類似的設想：如強迫是目前合理的訂約方式、條約合法與否是內政問題，然而論述的方式有異、中國理虧之處、結論不同、也沒有明顯證據表示有參考寶道的意見書，因此暫時不認爲兩者有所關連。

〔註26〕外交部二等秘書，曾入倫敦大學及瑞士魯桑大學專修國際法，曾任華盛頓會議中國代表團的參議，魯案中日聯合委員會的委員，督辦中俄會議事宜公署的審議處處長，外交部參事，特派山東交涉員等職。徐有春主編，《民國人物大辭典》（北京：新華書店，1991），頁 711；阮毅成，〈記徐東藩先生〉，載《傳記文學》第 17 卷第 3 期（1962），頁 53。

該說帖強調要利用民意、華盛頓會議中與會國對中國友善的態度，還有列強已不需要在中國維持各國勢力均衡的局勢。關於《中日民四條約》的部分，徐東藩稱該約危害中日兩國和睦、危害世界和平、違反日本與世界各國屢次的聯合宣言，聲稱會維持中國主權及領土完整、違反了先前訂立的條約；但認為片面聲稱《中日民四條約》無效並不會有好結果等。與寶道相比，徐東藩的說帖有不少類似之處，如「宣佈《中日民四條約》無效不宜」、「運用中國的輿論」、「善用華盛頓會議中友善的氣氛」、「草擬了中日交涉的細節」等；差異較大的，則是在認為強迫訂立的條約是有害世界和平的；而且在較少檢討中國過去政策，更著重於數落日本違反了多少國際慣例、條約與自己和他國的共同聲明，因此該取消《中日民四條約》。〔註27〕最後，雙方最大的差異，是在如何取消《中日民四條約》上，寶道認為是要承認其有效，然後再與日本進行委婉的交涉；而徐東藩則是認為可歷數日本的錯誤後，要求對方直接取消該條約。

　　參酌了各方意見後，外交部決定以對日照會的方式，宣佈中國政府的立場。該照會於 3 月 5 日發給駐日代辦，照會主旨在呼籲日本應廢止《中日民四條約》中「除了已經聲明放棄及撤回保留各項外，其餘各項條文。」但陳述的內容就如給予國務院的說帖一般，略述了自簽約以來至華盛頓會議的抗議、交涉廢約過程，佔了照會的大部分篇幅。再加上一些「新聞」，如近年「世界各國群向和平，力持公道之際，中日兩國尤宜亦謀親睦以保遠東和平」；「中國國會決議認為《中日民四條約》換文無效」，是證明「本國民意始終一致」；近期旅順、大連租約即將到期，因此中國政府認為改良兩國關係的時機已經成熟等事情。最後，為了掃除兩國親睦的障礙起見，希望日本政府能止《中日民四條約》，甚至能宣佈廢止該條約的日期，以便旅順、大連兩地的接收。〔註28〕整體看來，與寶道及徐東藩的意見都差異頗大，既沒有提出一個積極、漸進的回收方案，也不談各個國際會議中對中國友善的氣氛，還沒有數落日本違反了多少「維持中國主權完整」的多國聲明，甚至沒有提出前往國際聯盟公斷的企圖；其實，也就是少了兩人都有的「威脅」或「強硬」說詞，只是處處希望日本以兩國和睦著想來廢棄該約，其實接近「道德勸說」而已。

〔註27〕 《北洋政府外交部》，1923 年 2 月 24 日，〈調陳節決四年中日條約換文事〉，中央研究院近代史研究所檔案館藏，館藏號：03-33-101-01-021。
〔註28〕 《北洋政府外交部》，〈密件〉，1923 年 3 月 5 日，中央研究院近代史研究所檔案館藏，館藏號：03-33-101-02-001。

外交部之所以製作此溫和的照會，與外交部對時機的判斷有重要關係。從先前給國務院的說帖來看，外交部人員不認為 1923 年初是很好的廢約時機，因為幾次會議以來，列強並仍沒有給予中國強力的支持，而且近年正推崇「遵守條約」；日本的態度仍然強硬，或許提交國際聯盟、強硬的宣佈無效，都會造成難以估計的後果；單方面廢除似乎在國際上並不可取。更何況無論是外交部的研究，還是顧問的研究，都表示中國國會的主張：強迫所訂的條約是無效，該約在中國國內是不合法的，在目前的國際法上都不是有用的說詞，甚至可能加強日本的立場。整體而論，就是遇到了錯誤的時機和錯誤的方法，行動不會有好結果；但政府可能又受到輿論及國會的壓力，不可了無行動，最後只好避重就輕的以一紙道德勸說為交代；然而，選擇了不用議員們錯誤的方法接受挑戰，讓日本政府回應後的幾個月，議員們仍不死心的以提出各種「補救辦法」。

二、國會與徐東藩的後續意見及寶道的演說

日本政府於 3 月 14 日回復了中方的照會，堅決的駁回了中方的說詞，內稱「對中國政府援引當時簽訂條約後，巴黎和會、華盛頓會議中中國代表的要求等，要求日本政府廢棄該約中除了已經解決、聲明拋棄、保留、撤回以外所有的條約，感到意料之外並頗為遺憾。」因為該約當時是兩國全權代表簽字，又經雙方元首批准，華盛頓會議中日本代表也聲明該約有效，如中國政府隨意廢棄，是有違「中日兩國親善」及「國際之通義」，所以中國政府的聲明「斷難承認」，況且該約中有許多部分已另結新約、聲明拋棄、保留、撤回，其餘部分「絕無再行變更之理。」〔註29〕

雖然廢約要求遭到拒絕，但中國國會議員沒有放棄，不久之後再度籌備了許多廢棄《中日民四條約》的補救方案。

（一）議員與徐東藩的後續意見

以議員張樹森為首，於 3 月 17 日提出了一個「宣佈二十一條無效辦法建議案」，這個建議案籌擬時，議員可能還不知道外交部的對日照會，及日本的回應，所以內容部分並未針對前兩者進行回應與評判；但因張樹森議員日後還有引用該篇內文，所以仍先將內容略述如下。〔註30〕

〔註29〕　《北洋政府外交部》，〈密件〉，1923 年 3 月 15 日，中央研究院近代史研究所檔案館藏，館藏號：03-33-099-01-007。

〔註30〕　《北洋政府外交部》，〈鈔送張樹森之建議案〉，1923 年 3 月 17 日，中央研究院近代史研究所檔案館藏，館藏號：03-33-101-02-032。

　　該建議案分成宣佈無效的「根據」、「性質」、「步驟」、「決心」等四大部分。所謂「根據」，是認為國際法上對於條約合法與否各有異說，然而不甘承認奮起抗議，國際法學者也無法禁止；而且國際法上條約締結，對於對手國憲法有完全遵守的責任，在一個體制上需要雙重承認的國家，一但國會明確否認，該條約即無法生效，如美國總統簽訂國際聯盟條約，但被參議院否決，該條約即不能成立一般；而中國國會無論是以新舊約法，正「偽」國會都沒有批准該條約，因此不算承認，此是《中日民四條約》無效的根據；「性質」部分，是為「國際法中的條約締結不合法」，一種純粹法律而非政治性質；在行事「步驟」上，議員們認為不需「委屈假借」，可以援引國際法的條例，直接了當照會日本宣佈該約無效，若日本不顧兩國根本親善而拒絕，就通牒世界各友邦宣佈《中日民四條約》無效；最後的「決心」部分，議員認為近日討論該議題的人，都犯了「神經過敏」及「暗昧時勢」的問題，實際處理上，訴諸國際法庭是「貫徹此件之正當法律手續」，視情況亦可邀請仲裁，而且政府還須知道，中國歷來被動的外交行動，正是外交失敗、內政紛亂的根本；繼續故步自封，如何對的起中國 5000 年歷史，四億之人民，又如何立足於國際？〔註31〕

　　幾日之後的 3 月 26 日，總統府秘書廳送給了外交部一份文件，包含郭同議員給總統的信函抄錄，還有中國國會議員欲交給日本帝國議會的〈國會議員移日本眾議員書〉。郭同在信函中開宗明義的表示外交部犯了大錯，給日本的牒文應稱《中日民四條約》「根本無效」，不該是承認有效，請對方取消；甚至直指該錯誤是外交部長黃郛（1800～1936）學問太過薄弱所導致，因此指定該文件需交給外交部次長沈瑞麟（1874～1945），請其在未來給日本的覆文中，採納該文件中有用者，但也請不要如黃郛一般自以為是，導致誤了國家大事。在給日本眾議員的文書中，則是以道德與法律兩方面勸告日本承認《中日民四條約》無效，並近期交還旅順、大連租借。道德方面，如「強迫且違反一國民意的條約對和平無益」、「日本初次與英國告知二十一條內容時曾摘去部分內容，是良心上也不是全無罣礙，認為該約可行的表現」；法律方面，郭同也援引美國總統威爾遜簽字的國際聯盟條約，被國會否決而失效的案例，表示《中日民四條約》沒有被中國國會承認所以無效，還有「華盛頓會議的各國承認中國保留日後日本解決問題的權力，就是各國不承認該約有

〔註31〕〈鈔送張樹森之建議案〉，1923 年 3 月 17 日，03-33-101-02-032。

效的表現。」、「國際條約內容，無論拋棄、撤回都應由訂約雙方同意，日本既已單方面拋棄、撤回部分內容，就是日本代表也不認為該約已經生效。」最後稱日本如能慷慨交還旅順、大連，必能永修兩國友誼和好。〔註32〕

　　3 月 28 日，總統府秘書廳又送了議員孔慶愷製作的兩件文書到外交部，分別是針對「有無收回旅順、大連準備」的質問連署書及〈孔慶愷為取消中日二十一條協約敬告全國人民書〉。質問書中稱旅大近日租約將期滿，應該有所接收預備，但為至今沒公布任何辦法，還是如謠言般政府將以 1 億元借款作有條件的延展租約？並附上以孔慶愷為首等 32 議員的連署。至於孔慶愷告全國人民書的部分，用詞與理論都很簡單，認為《中日民四條約》既是出自強迫就沒有履行的必要；而且國會近日已經決議無效，就如簽字否決一般失去效力，如 1713 年英法通商條約和 1831 年法美商務賠償條約等案例一樣，現今日本仍以為有效是強詞奪理；為對抗日本及支援北京外交起見，孔慶愷提議國人組織一團體，用以辦理「對日人斷絕交遊」、「解除顧傭」、「對日貨查封禁止」、「號召群眾反對該約」、「向他國請求援助及表彰公道」。孔慶愷稱官府在這樣爭公理、人格、生存的事情上無法依靠，只知作孽，只好訴諸人民的力量。〔註33〕

　　同一日，國務院還送來了議員褚輔成及張樹森兩人分別的意見，及分別有 136 人與 25 人的連署文書。褚輔成等針對日本 3 月 14 日的回覆中，「不合正裡」及「措辭失當」之處進行逐條辯駁。如日本聲稱《中日民四條約》是兩國全權代表所簽訂，所以有效，但該义認為國際條約批准、有效，需要遵守各國憲法，中華國當時憲法既然規定條約批准權在國會，國會既不曾批准通過當然視為無效。至於日本認為沒有必要回應中國回收旅順、大連及善後辦法，議員們認為是不履行《中日會訂東三省條約》，直接造成東亞和平障礙，違反華盛頓會議中的九國協定。而日本所謂有正當締結程序，議員認為除了戰爭外，所有條約當以雙方自由意志與交換利益為要素，該約為日本以最後通牒強迫促成，根本稱不上是正當手續。更何況，假如該約有效，滿蒙的利益怎麼能由日本單方面宣告就有所改變？最後總結，給日本的照會應

〔註32〕　《北洋政府外交部》，〈函送議員郭同移日本眾議員書底稿〉，1923 年 3 月 26日，中央研究院近代史研究所檔案館藏，館藏號：03-33-101-03-004。

〔註33〕　《北洋政府外交部》，〈檢送議員孔慶愷為收回旅大問題及取消二十一條敬告全國人民書〉，1923 年 3 月 28 日，中央研究院近代史研究所檔案館藏，館藏號：03-33-101-03-005。

表示是依照「中國國會的決議」、「華盛頓會議中的九國協定」、「《中日會訂東三省條約》」提出回收旅順、大連的聲明及《中日民四條約》及肯定無效的主張。〔註34〕

張樹森為首的意見比前者簡單許多，分成解讀對日照會，以及補救方案兩部分。張樹森以為政府提出的對日照會誤解重點，錯在對國會提出條約無效論輕輕帶過，只是側重政治及歷史的理由，藉由情感希望日本同意廢止；實際應該做的事情，與張樹森於同月 17 日提出的意見書相同：鄭重的提出《中日民四條約》締結未經中國國批准，現在又經過同一國會否決，因此缺乏國際條約成立的兩大要件：合法及批准，所以《中日民四條約》的無效是「當然。補救方案的部分，自然是要在新的覆文中強調上述理由，鄭重的請日本諒解，並且通牒世界友邦說明真相、請求支援。〔註35〕

統整國會議員的後續意見，可發現在解釋的方式上雖稍有不同，但主要依據和訴求仍與對日照會發出前相同，四組議員都強調國會並未批准《中日民四條約》，所以該條約理當無效，另外有兩組議員仍認為強迫所訂的條約無效。也就是說，國會議員的觀念並沒有顯著的進展。或許議員並未將得知外交部決策的理由；亦可能是議員堅信自己或是請益對象對國際法研究已經透徹、成熟、立於不敗之地，所以仍堅持最初的立場。

然而，並非所有人都繼續堅持自己的立場，如曾經提供意見的徐東藩。他在新擬的兩份說帖中表示對解除《中日民四條約》不如先前有把握。因為中日兩國的態度相差太多，前者堅持廢除，後者堅持有效，除非中國國內反抗興論夠堅實，能成為政府後盾；或是世界各國政府能同情中國主張後，才有機會進行調停。至此，徐東藩等於承認了先前是誤判了國內外的情勢與力量。所以徐東藩認為，雖然現階段駁覆日本照會最多只是表達抗議，但因民情可用，應仍提出以加速交涉。此外，應與世界各國政府接洽，使其成為中國的助力，如因歷史因素，態度可能對日本應該影響較大的英國。在對日訴求方面，為了使兩造的調停更容易達成，不能再用「廢除條約」，應使用「改訂條約」較可能為日本所接受；若以改訂為訴求仍太難達成，最後只能訴諸

〔註34〕《北洋政府外交部》，〈府交議員褚輔成提議對於日本復文應根據國會議決嚴重駁回〉，1923 年 3 月 28 日，中央研究院近代史研究所檔案館藏，館藏號：03-33-101-03-006。
〔註35〕〈府交議員褚輔成提議對於日本復文應根據國會議決嚴重駁回〉，1923 年 3 月 28 日，03-33-101-03-006。

海牙的國際裁判法庭。國內輿論方面也要疏通，否則群情激昂的流弊將傷害友邦調停的善意，甚至可組一秘密會議來容納各方（商、學兩界要特別收攬）意見。法律論述也應繼續發揮，主要是要表現立法機關的強硬態度，也許能逼迫日本退讓。最後，徐東藩針對「強迫訂立」達成的條約是否有效進行了一番解釋，他認爲中國與日本簽約時，在日本的威逼下根本缺乏「拒絕之自由」，因此與一般國際法原則上有效的強迫訂立不同，各國在國際會議上也承認中國保有「異日解決之權」，因此該約實際上已經成爲懸案。〔註 36〕

　　然而，收羅許多意見的外交部仍束手無策，既無對議員方提出解釋，也沒有駁覆日方說法，以致以李英銓與孔慶愷爲首的議員們於 4 月 2 日提出聯名質問書，要求外交部對旅順、大連收回該如何辦理，以及謠傳會以一億元借款爲有條件展延租約的謠言，儘速提出回應。〔註 37〕外交部幾日後回覆以借貸換取展延租約只是謠言，但亦沒有表明後續動作。〔註 38〕

（二）寶道的演說

　　自從 1 月受邀對《中日民四條約》廢止這個議題發表意見後，寶道應有繼續觀察後續發展；然而，事情的發展超乎他的設想，各界的反應使得寶道憂心，趨使得他以「條約之拘束力」爲題，作爲在一場在「中國政治學會」演說的題目。然而，寶道或因「中國政治學會」的要求，避免直接對《中日民四條約》的存廢發表意見，如演講一開始他就聲明：〔註 39〕

　　……討論任何特別條約，或任何一類之條約拘束力之問題，固非彼
　　願；而討論目下中國政治之視爲點之問題，尤非所願，但不過欲從
　　理想上所見到之處，以考察國際公法關於條約拘束力之主文（主流）
　　之一種狀態而已。〔註 40〕

〔註 36〕　《北洋政府外交部》，〈條陳撤廢二十一條〉，1923 年 3 月 31 日，中央研究院
　　　　近代史研究所檔案館藏，館藏號：03-33-101-03-008；《北洋政府外交部》，〈二
　　　　十一條事〉，1923 年 3 月 31 日，中央研究院近代史研究所檔案館藏，館藏號：
　　　　03-33-101-03-009。
〔註 37〕　《北洋政府外交部》，〈鈔錄議員李英銓質問書〉，1923 年 4 月 2 日，中央研究
　　　　院近代史研究所檔案館藏，館藏號：03-33-101-03-011；《北洋政府外交部》，〈函
　　　　送議員孔慶愷質問書〉，1923 年 4 月 2 日，中央研究院近代史研究所檔案館藏，
　　　　館藏號：03-33-101-03-013。
〔註 38〕　《北洋政府外交部》，〈復議員孔慶愷等質問係傳聞之誤〉，1923 年 4 月 5 日，
　　　　中央研究院近代史研究所檔案館藏，館藏號：03-33-101-03-014。
〔註 39〕　〈條約之約束力〉，03-33-101-05-007。
〔註 40〕　〈條約之約束力〉，03-33-101-05-007。

並轉稱自己選題動機是源於歐洲的政治與外交狀況，如歐戰結束 4 年之間簽訂了非常多的條約，建構了新的歐洲政治秩序；而且觀察歐洲歷史的糾葛，時常與國際協商後的條約為訂約國所違反造成；然而，在開場白的末段，仍是婉轉的表明對廢棄《中日民四條約》一事有所關心：「予之所言可以間接為諸公對于北京政界，及報紙逐日討論之問題構成意見之一助也。」在寶道演說之前，北京政界討論最多又與條約相關的，便是取消《中日民四條約》。〔註41〕

　　寶道接下來的演說分成三個問題討論，分別是：「條約是什麼且有拘束力？」；「什麼是有效的條約？」其中又細分為：「合法問題」及「強迫問題」；「有效的條約是否有無限的拘束力？」等。「合法問題」及「強迫訂約」兩項，寶道費了最多唇舌進行論述。〔註42〕如本節前段所表示，許多議員提出《中日民四條約》無效的理由，就是不符合中國訂立條約的法律，以及在日本最後通牒的壓迫下訂約；因此，寶道在此特別挑出這兩問題論述，應也是針對廢止《中日民四條約》一事。〔註43〕

　　寶道似乎認為許多人對條約的本質有所誤解，所以費了一番功夫進行解釋。寶道將國際條約的根本，溯源至私人間的條約；私人契約的根本來源是自由意志與法律條文，又因為契約是構成個人關係穩定，促成家族、部落、國家的安全，經濟的進步。所以他稱世界目前的共識，就是認為遵守契約為義務，事實存在的結果就是契約，若不誠懇履行，就用社會中發達階級設立的機關進行約束，這個機關要對不能履行契約的訴訟有裁判權，而且要有強制個人履行義務的權力。〔註44〕

　　至於各國訂立的契約，不同之處在於國際關係內遇到不能履行契約的事情，缺乏更高層、能糾正各獨立國的機關；如果有，便能將私人契約的原則，用以保持公共條約的神聖不可侵犯。寶道舉出數名法學家的意見，稱目前仍是以道德約束各國遵守條約居多，因為條約以互利為根據，各國當然要遵守諾言，如不遵守，就會失信於世界，總是害多利少，而且是世界政治與國際組織的要素。因為條約能奠定各國政治與經濟間的永恆關係，若此關係不能

〔註41〕 〈條約之約束力〉，03-33-101-05-007。
〔註42〕 〈條約之約束力〉，03-33-101-05-007。
〔註43〕 〈條約之約束力〉，03-33-101-05-007。
〔註44〕 〈條約之約束力〉，03-33-101-05-007。

持久，那麼國際交涉間一種不安的情形將會日盛，勢必導致一方施行強迫手段來糾正、維持，如以戰爭手段迫使一方遵守條約。所以條約本身是維持世界和平的手段，若訂約的雙方不認為條約有拘束力，條約就不能成為維持和平的工具。寶道稱這就是條約拘束力的根源和證據。〔註45〕

　　何謂有效的條約？訂約國必須為獨立國，議約代表必須妥善遴選，必須帶有全權的文憑，議約代表必須有完全的個人自由，不得對其侵犯、威嚇、詐欺。如應批准的條約必須批准，批准要依照通用的公式等原則。寶道以為對在場的人來說都已經過於粗淺，所以直接論述兩個已經發生許多爭辯的問題，即「合法問題」與「強迫問題」。合法問題必須從國內與國外兩點考量。國內的情況又可分兩種，（一）條約磋商簽議時，必須由國家主管機關，如憲法授以議約、簽約、批准條約的人才可簽約。如果憲法載明這種職權是授與一行政機關，那麼該行政機關的行為就能促使條約有效。若否，像是將權限分散在行政、立法兩機關，則一定要兩機關的共同批准後才有效。（二）條約必須與國家憲法和各項法律符合，如不相符，那該條約就要等到預定的憲法、法律修正通過後才算有效。換言之，所謂從國內論點來看，就是條約是國內法的一部份，必須以國內法規定的程序通過。〔註46〕

　　國外的情形，就是要問一條約在國內法上的效力，如何影響一條約的國際效力。寶道主要是針對條約未經憲法通過，在國內不算有效，在國外又當如何的情況，他稱這種事情並不常見，又鮮少是訂約的一方有意蔑視該國的憲法；通常是訂約當局的行為是否在憲法所授權的範圍內，未能在國內形成多數共識。寶道以法國總統的職權為例：如果締結一個關於財政的條約，該約到底會不會約束國家財政是不知道的，因此該約要不要由兩議會同意也不知道。像是協約國的債務公約，該約並不拘束國家財政，因為國債必須由財政償還，但償還條件或含有減少債務本金、償還方法或償還擔保品較為嚴苛的義務。若此項公約未經提交議會批准，之後議會決定批准是越權的行為，那麼該約的效力到底如何？〔註47〕

　　寶道稱目前國際法學者認為，上述的情形很少發生，也很少認為條約在國內無效，在國外也一樣無效。因為訂約一方的職權既然為國法所限制，而

〔註45〕〈條約之約束力〉，03-33-101-05-007。
〔註46〕〈條約之約束力〉，03-33-101-05-007。
〔註47〕〈條約之約束力〉，03-33-101-05-007。

國法也是公法，想當然也爲其他訂約國所熟悉；但若眞的發生了問題，寶道稱糾紛未必能簡單的解決，因爲在國際關係中，外國政府似乎缺少如民法一般的陳情單位。外國政府不能求助於另一國的立法機關，因爲調查一國簽約者的態度是否合乎該國憲法，及要求該簽約者遵照憲法的規定，始終有干涉他國內政的嫌疑。在此寶道又舉了一個例子：設想國內無效的條約，在國外絕對無效的話，勢必涉及 A 國在 B 國的外交代表職權，有權申明與 B 國外交總長所簽訂的條約，經 A 國外交總長宣佈爲符合 B 國憲法的條約。如經 A 國總長認爲無效，可以要求此條約應提交 B 國議會。但這種干涉內政的行爲，鮮少看過一個獨立國政府能夠忍受的，B 國必然會宣稱解釋憲法的權力是在本國，不是一外國政府。也就是一國政府宣告在國內有效的條約，外國就無權質問；即便質問是合理的，另一國一旦宣佈相符時；無論是否確實相符，對發問的國家來說都算是相符了。如同 1919 年時，法國瑞士之間一特別自治區曾經產生的爭議案。〔註 48〕

至於一國政府自行宣佈條約相符，但日後情勢變遷（通常是革命、政變），繼任政府聲明不相符，不承認其效力的情形又該如何處理？寶道稱一般法律學者，和各種歷史前例都表示：「事後否認條約效度不可行。」這是根據各主權國獨立的原則，因爲一外國政府對於其他國政府在國內是否合法，並沒有裁判權。因此外國政府能做的，不過找出哪一個政府是事實有效的政府（de facto，但不一定合法），無論後來情形如何，該事實上政府曾經做的事情，就足以拘束其國家，所訂的條約當然有拘束力。否則，任何的態度都有外國政府干涉內政，裁決某政府是否合法（de jure）的嫌疑。如美國與海地 1877 年發生，及 1921 年海牙公斷法庭裁判秘魯的案例。〔註 49〕這個難題，與當時中國議員設法廢止《中日民四條約》的行爲相同，又證明了此演說內容是爲了該案件所準備。

因此，寶道對合法議題下的結論是：就算一國政府在以該國法律解釋是不合法的，一旦經各外國政府承認是有效、事實上的政府，那麼其行爲在國際法上就是有拘束力。〔註 50〕就這結論看來，寶道想要指稱袁世凱當年簽約的行爲，對於現在的中國無論以國際法、過往案例來看，都是有拘束力的，

〔註 48〕 〈條約之約束力〉，03-33-101-05-007。
〔註 49〕 〈條約之約束力〉，03-33-101-05-007。
〔註 50〕 〈條約之約束力〉，03-33-101-05-007。

也仍不認同中國國會議員以袁世凱行為非法，作為與日本交涉的論述，因為即便送交海牙公斷仍很可能會失敗，甚至殷鑑不遠。

關於「強迫訂約」，寶道開門見山的指出：目前國際法學家所公認的是，強迫訂約不構成廢棄條約的條件，而理論的依據，一般是注重在人類「大利」，如重大威嚇有損條約效力的話，那麼為避免戰爭、戰後締結的條約都無效了，衝突雙方必然要打到精疲力竭為止。寶道以為這也是當時國際社會中缺乏一個調停法庭造成的必然結果；而且在國內法中，一旦一人拒絕服從判決，法庭必然有強制執行的權力；但此強制執行從來不損害處分（條約）的效力，因為這等強迫的行為是要主持公道、維持正當權利，所以國際事務中也會有的現象（歐戰和約）。〔註51〕

所以，寶道認為國際現象會是如此：如評論家認為是公允的，那麼即使以強迫達成，也沒人會替其打抱不平；但是若強迫是用在不當之處，如執行壓迫與不公，又缺乏令各國信服的法庭組織時；也沒人可以判斷到底孰是孰非，最後也只好認為 A 國對 B 國使用的強迫手段，是解決國際爭執的最後手段。此外，寶道認為不需將「最後通牒」與一般威嚇分開討論，而且表示這種討論是危險的，因為強迫手段已經不破壞條約效力了，那麼對強迫手段進行細分，認為某種形勢的強迫手段還達不到武力侵犯，所以該條約無效，又有什麼意義？有這種區別的話，只會讓強國更傾向從事戰爭行為。〔註52〕寶道特別提及「最後通牒」一事，也有可能是針《中日民四條約》一事，因為該約就是在日本最後通牒下被迫簽訂。

因此，寶道不認為強迫訂約能當成不履行條約的藉口。果真如此的話，世界政局中多數條約都是無效的，那麼人類將陷於長期的戰爭之中，和平柔弱國家會損失慘重，只剩強悍的國家得利。〔註53〕也就是中方的觀念其實非常的危險。

最後是關於「條約是否有無限的拘束力？」寶道自陳選擇這個議題的動機如下：

> 若使人不惟承認迫於時勢，若在私人契約足使無效者，所締結之條
> 約為有效，並承認是等條約之拘束力至於無終無極；又承認如遇不

〔註51〕〈條約之約束力〉，03-33-101-05-007。
〔註52〕〈條約之約束力〉，03-33-101-05-007。
〔註53〕〈條約之約束力〉，03-33-101-05-007。

　　平之事，國際公法不容有糾正之法；則目下國際交涉闇淡之景象，
　　將有令人不勝心灰、神喪者……〔註54〕

從該段話可看出他應是想要替「被迫」但「有效」，而且是「不平」的條約尋
找一解決方案，而依據前段演說所顯示，寶道認爲《中日民四條約》正包含
上述三種性質，所以應是針對廢除該約提出解決方案。但合約除了自然廢止、
期滿、目的已達成、其他因素不能履行、雙方議定停止外，法學家和各國對
條約廢止的準則並沒有共識，所以在陳述較爲可行的方案之前，寶道先列舉
了一些他認爲不太恰當的觀念：「如果與一國人民權利及幸福抵觸，則該國就
可廢棄該約」；「一國可主張不符合該國發展的條約無效。」；「一切條約都可
宣稱無效，因爲所有條約都妨礙一國的自由發展，及妨礙該國天然權利。」
等，他認爲這些想法是養成放縱與繁亂，所以這些想法從來不是國際通例，
也不爲多數法學家所稱讚，所以不該隨意引用。

　　寶道中意的解決方案是將該約以「形勢變遷」爲由作廢，其理論依據是：
「凡締結條約時，作爲拘束力的事實一經根本變更，則該條約就沒有拘束力
了」。〔註55〕而且該方案有四個正當之處：（一）多數法學家能贊同。（二）目
前國際上已經不會認爲「因形勢變遷導致權益受損的國家，得以請求對於全
局重新考慮」的請求是不當、損害國際和睦的行爲。（三）世人也已經承認要
以公平、正當的精神考察爭論點考察該國的論點。（四）國際聯盟的組織已經
證明，以公道而不用強力處置國際爭端的論點已經漸佔優勢。再實際應用上，
只要注意釐清何謂條約「拘束力的事實」，該事實是很重要但難以維持，且無
人可以反駁即可。因爲俄國於 1870 年試圖以「形勢變遷」爲由廢除 1856 年
巴黎條約中，禁止黑海保有海軍條例的案例顯示，「形勢變遷」的宣言除非得
到訂約各國的同意，走則無論何國都不得自行解除條約，也不得變更條約的
內容。〔註56〕

三、對寶道意見的評價

　　對於設法取消《中日民四條約》這一重大議題，寶道以演說的方式重新
敘述了他 2 月給予外交部的說帖。雖然因爲演說場合的關係，寶道不能直接

〔註54〕〈條約之約束力〉，03-33-101-05-007。
〔註55〕〈條約之約束力〉，03-33-101-05-007。
〔註56〕〈條約之約束力〉，03-33-101-05-007。

點明中方議員論述的問題，如允諾延展旅順、大連租借，是在日本「最後通牒」發佈前，可以說不是在強迫之下訂立的。此外，寶道以為各界輿論在觀念上有根本錯誤，所以對條約的本質及兩個爭議頗大的議題進行仔細論述，希望將他認為「正確」、「安全」、「可行」的觀念告知更多的人，特別是不屬於外交部門的人，如他演說一開始提到的「北京政界」，可能就在影射發起行動的國會議員們，畢竟議員屢次以「強迫訂約」、「不合法」來聲稱《中日民四條約》為無效，甚至以為只要義正嚴詞的提出，日本就應該會退讓，是外交部過於怯懦、缺乏學識等等。〔註 57〕因此，寶道可能有意要替外交部政策解圍或是援助該單位的立場。

　　至於實際的成效如何？以目前所知的檔案來看，1923 年 5 月以後，北京國會議員有一段時間沒有再提出有關該案的意見，也許寶道的立場對北京的議員產生了影響。但在除了北京的議員外，1923 年 5 月至年底間，各省、縣的議會、〔註 58〕工會、農會、商會、學校、教育會、救國會、〔註 59〕仍不斷投書給政府，央求政府持續交涉，甚者有軍人、將領成立外交後援會。〔註 60〕這些團體的意見，一般不超過國會議員的水平，多數表達的是對日本行為的憤慨，強調《中日民四條約》是強迫而成，又是袁世凱私下允諾，並不合法等等。如此看來，寶道的意見仍難以為輿論所接受。

〔註 57〕　雖然議員的觀念仍有不成熟之處，但對於條約權及條約效力的討論也可視為中國探索國際法認知之試煉過程。詳見吳翎君，〈1923 年北京政府廢除《中日民四條約》之法理訴求〉，頁 180～181。

〔註 58〕　《北洋政府外交部》，〈請取消二十一條並交還旅大〉，19233 年 9 月 3 日，中央研究院近代史研究所檔案館藏，館藏號：03-33-187-01-004；《北洋政府外交部》，〈旅大及二十一條事〉，1923 年 6 月，中央研究院近代史研究所檔案館藏，館藏號：03-33-186-02-039。

〔註 59〕　由於案件繁多，在此不能一一列舉，以下僅舉數個案例。《北洋政府外交部》，〈否認二十一條及收回旅大事請努力勿懈〉，1923 年 6 月 14 日，中央研究院近代史研究所檔案館藏，館藏號：03-33-186-02-034；《北洋政府外交部》，〈二十一條及收回旅大事〉，1923 年 6 月 19 日，中央研究院近代史研究所檔案館藏，館藏號：03-33-186-02-035；《北洋政府外交部》，〈請廢二十一條收回旅大〉，1923 年 6 月 26 日，中央研究院近代史研究所檔案館藏，館藏號：03-33-186-02-037；《北洋政府外交部》，〈速催國會同意外長飭駐日公使到任即提二次通牒依約收回旅大等案〉，1923 年 6 月 29 日，中央研究院近代史研究所檔案館藏，館藏號：03-33-187-01-001。

〔註 60〕　《北洋政府外交部》，〈報告外交後援會成立〉，1923 年 8 月 6 日，中央研究院近代史研究所檔案館藏，館藏號：03-33-187-03-003。

　　至於外交部方面，在各方各種意見的疲勞轟炸下，仍選擇收羅寶道的演說內容，這表示外交部仍重視寶道的演說內容。而在具體行動方面，外交部仍沒有向日本提出回覆與第二次牒文，駐日公使於 1924 年初向外交部兩度告知牒文應要盡快提出，〔註61〕但外交部皆回覆：

> 二十一條案本部素極注重，在正詳考辦法；惟現在他項要案多起正
> 在進行，提出時期應鄭重考量，免受牽制。欲求真正解決，應在提
> 案前在日本方面妥加布置。前曾面請密探日本政府對於本案真意，
> 結果如何，希答覆。〔註62〕

由此看來，外交部之所以遲遲未有進一步動作，一是解決方法難以籌劃，二來外交部可能是接受了徐東藩最後的說法：運動世界各國支持中國，進行國際調停才有機會解決；亦可能接受了寶道的說詞，等待所謂的「形勢變遷」後再提出國際聯盟進行公斷。無論是兩者中哪一個都不是能迅速解決的，甚至需要更多時間籌劃的；而且，最有效的解決辦法，自然是日本政府的退讓，因此要求查探日本真正的態度如何。

　　最後，在取消《中日民四條約》這個案件中，有一值得注意的情形。國會提出條約無效並對日通告的要求後，外交部仍尋求了外籍顧問的意見，如已知的韋羅貝與寶道兩人；然而，外交部本身對該案可行性與問題的研究成果，與外籍顧問寶道的意見相差不大，甚至可以說趨於一致，如外交部交給國務院的說帖中，就已經知道強迫訂約是可以成立的；國會通過與否是國內問題，似乎不能約束日本；俄國曾經試圖單方面廢止條約內容，但遭到國際抗議等，特別是俄國試圖單方面廢除條約的歷史，也是寶道在演說中提出的一個重要案例。而且，寶道以演說的方式向外人傳達外交的知識，而不是給外交部續寫說帖，亦是中國人員在外交、國際法知識成熟的一個象徵，雖然這可能和中國長期研究如何取消《中日民四條約》有關係；但是，寶道在 1922 年後的外交事務上，已經不如 1918 年底至 1920 年初那般參與的非常密切；

〔註61〕《北洋政府外交部》，〈旅大期滿瞬屆一年請將否認二十一條二次通牒於三月提出〉，1924 年 2 月 11 日，中央研究院近代史研究所檔案館藏，館藏號：03-33-101-03-019。
〔註62〕《北洋政府外交部》，〈密件〉，1924 年 1 月 16 日，中央研究院近代史研究所檔案館藏，館藏號：03-33-101-03-018；《北洋政府外交部》，〈二十一條事提出時期及佈置事〉，1923 年 2 月 16 日，中央研究院近代史研究所檔案館藏，館藏號：03-33-101-03-020。

也許反應了中國人員在外交知識上的成熟度已達某種水準，所以可逐漸脫離對外籍顧問的需求。

第二節　對中日到期修約交涉的意見

1925 年五卅慘案發生後，北京政府外交部認為中國國民對於廢除不平等條約一事的態度日漸激烈，必須盡快設法處理；但往日向有特權的列強提議修改條約中有礙中國主權、片面性質、不合時宜等條款的方式，不僅過去實效甚少，相對於廣州國民黨政府直接、對國民有吸引力的廢約訴求，也緩不濟急；因此北京外交部決定改變策略，以「到期修約」，就是趁各條約將到期或將到可修改時限的機會，向訂約各國磋商修改。期中一項即將到期的條約，是期限至 1926 年 10 月 26 日《中日通商行船條約》。〔註63〕

一、中日修約交涉與寶道的參與

有關《中日通商行船條約》修改的交涉，大約自 1926 年 10 月開始接觸，11 月 6 日，北京政府片面宣佈《中比條約》期滿失效，日本於同月同意與中國進行修約的交涉，在 1927 年進行的交涉過程中，當中日雙方討論到關稅自主時，日方堅持「最惠國待遇」，中方認為「最惠國待遇」與互惠協議難以兼容、礙難准許，但日方仍持續堅持，但也允許只有通商行船有最惠國待遇；時至 3 月，中方同意日方關稅可享有最惠國待遇，但因為中國現行條約所讓與第三國稅則上之權利，最惠國待遇自 1928 年 12 月 31 日後即行失效，中國與第三國因邊界商務而訂的任何條約與協定，最惠國條款也不能引用；儘管有所讓步，日方仍堅守立場，認為應無條件享有最惠國待遇；此後雙方會議屢屢因最惠國待遇的範圍與條件無法談妥，導致不了了之，至 5 月 13 日時，因為最惠國待遇已經導致會議 19 次沒有結果，顧維鈞與日使討論是否能暫時不討論最惠國待遇，但日方仍堅持稅則上要無條件享有最惠國待遇，導致交涉再次觸礁。日本政府為使中方對交涉不致於失去信心，轉向如同對待比利時、西班牙一般的廢約策略，而且中國片面廢約的政策將會導致中外紛爭，因此決議對北京政府的願望表面上充滿誠意，實際上要以拖待變，爭取對日

〔註63〕唐啟華，《被「廢除不平等條約」遮蔽的北洋修約史（1912～1928）》，頁 343～344。

本最有利的情勢。至 1928 年，雖然在法權、航權等事務上已經有多次會議，然而缺乏實質的進展。〔註64〕

因最惠國待遇交涉困擾甚久，當時的外交總長羅文榦（1888～1941），因此向寶道詢問是否有一種最惠國待遇，規定「條約國人民仍得保留一部份特殊制度，以至各約全體修正之時爲止」，主要是防範與中國訂約的各國不利用一體均沾的原則，永遠繼續其不平等現約。或許爲了保密起見，羅文榦並沒有向寶道透露這個問題是因爲中日修約交涉而起，因此寶道只能依他所知的一切進行漫談討論，最後在 1928 年 3 月 13 日完成了一紙說帖，針對授與「最惠國條款」及防範權利溢散他國的問題提出了自己的見解、已知的四種解法與各方法的可行性。〔註65〕

（一）第一、第二種解決方案：附加條文與議定書

以寶道的理解而言，最惠國權利讓與及防範權利溢散的問題是一種純屬文字的問題。寶道提出的第一種解法，是針對已經擬定完成的條約，他認爲這種條約因爲前後文完整，比較容易應付。具體的解法，就是於每一條新訂的條約中，用一條文或是另用一議定書定明、說明關於最惠國條款所關事項，寶道以一假定的，載有取消治外法權、收回關稅自主及自由徵稅的條文爲範例：

> 兩締約國約定，本日簽訂條約內關於司法、關稅、以及稅捐等事項第○○條，及第○○條之各項規定，一俟現行條約關於同樣事項，畀與其他各國之特殊待遇條款，經互相同意廢止後即行有效。〔註66〕

如果中國政府想使用「最惠國條款」等字樣，可改訂如下種形式：

> 兩締約國約定，甲國在華人民關於司法、關稅以及稅捐各事項，仍繼續享受最惠國之待遇，以至現行條約關於同類各項、許予其他各國人民特殊待遇之條款，經互相同意廢止時爲止。〔註67〕

若中國政府不願在條文中加入「最惠國條款」等字樣，司法、關稅及稅捐等各條，也不想另用議定書規定，那麼每條文外加之文可用以下方式：

〔註64〕 唐啓華，《被「廢除不平等條約」遮蔽的北洋修約史（1912～1928）》，頁 435～448。

〔註65〕 《北洋政府外交部》，〈關於最惠國條款〉，1928 年 3 月 14 日，中央研究院近代史研究所檔案館藏，館藏號：03-23-036-04-004。

〔註66〕 〈關於最惠國條款〉，1928 年 3 月 14 日，03-23-036-04-004。

〔註67〕 〈關於最惠國條款〉，1928 年 3 月 14 日，03-23-036-04-004。

本條之規定，一俟現行條約關於同樣各項許與其他各國特殊待遇之
類似條款，經互相同意廢止以後，在華即行有效。〔註68〕
寶道認為中國政府如果能用上述的方法與享有特殊權利的諸國一一商議，那
麼問題就解決了；除了與最後一個享有特殊權利的國家交涉時，因為當時各
國的特殊權利都已經用新約廢止，與該國所訂新約就不用再加入最惠國條
款，因為那時已經沒有所謂最惠國了，而且最後一國的條約既不包含最惠國
條款，與其他各國所訂新約中有關司法、關稅及各項稅捐懸而未行者，一但
與最後一國所訂的條約實行後便當然有效了。〔註69〕

此外，寶道認為第二種方式，就是在條約之外再簽訂一種議定書，將最
惠國待遇建立在其他國家享有的特權之上。寶道因此舉另一假定與日本簽訂
的議定書為例：

　　茲約定日本在華人民，關於司法、關稅以及稅捐各項，仍繼續享受
　　最惠國之待遇，以至現行條約關於同類各項特許，英、法、義、美
　　各國之特殊待遇條款，經互相同意廢止時為止。〔註70〕
若是與英國先訂立條約，那麼議定書就可擬定成以下形式：

　　茲約定英國在華人民，關於司法關稅以稅捐各項，仍繼續享受最惠
　　國之待遇，以及現行條約關於同類各事項，許予法義美各國之特殊
　　待遇條款，經互相同意廢止為止。〔註71〕
其餘各約以此類推，與前一種方式相同，最後享有特殊利益個國家不需再加
上議定書。〔註72〕

寶道以為這種方法有一問題是：各國中可能有幾個小國保留條約權利的時
間較大國長久，這不但是大國所不喜的，也應該是中國不願意的狀態；因此要
按照上述方法進行時，外交部可以將享有特殊待遇的國名一一載入每約的議定
書內，並限制新訂條文需等待各種特殊待遇的條約修正後才能有效。〔註73〕

（二）第三、第四種解決方案：設定時限與他國同意

寶道認為第三種方式，是參照日本取消各國領事裁判權的先例：規定新

〔註68〕　〈關於最惠國條款〉，1928 年 3 月 14 日，03-23-036-04-004。
〔註69〕　〈關於最惠國條款〉，1928 年 3 月 14 日，03-23-036-04-004。
〔註70〕　〈關於最惠國條款〉，1928 年 3 月 14 日，03-23-036-04-004。
〔註71〕　〈關於最惠國條款〉，1928 年 3 月 14 日，03-23-036-04-004。
〔註72〕　〈關於最惠國條款〉，1928 年 3 月 14 日，03-23-036-04-004。
〔註73〕　〈關於最惠國條款〉，1928 年 3 月 14 日，03-23-036-04-004。

的條約一定要在一定的時限過後才能實行。如 1894 年 7 月 16 日簽訂的《日英條約》內載：「本約自簽字之後，非至少逾 5 年不得有效」，1896 年 8 月 4 日與法國簽訂的條約，也規定「自簽字後至少逾 3 年不得叢生效力；總計日本簽訂的條約中，有類似規定的有 19 條以上。然而，寶道應該是察覺到北京政府在修約上的急迫感，或是體會到當時北京政府岌岌可危，恐怕不能持久的狀態，所以認爲日本的策略應該「現實」上行不通。〔註 74〕

寶道提出的最後一種方案是暹羅的案例。當時暹羅的問題簡單的多，因爲只有收回關稅自主而已，該國採用的方法是如第一種方案一樣，在新約內加入一種條文，如 1920 年 12 月 16 日訂立的《暹美條約》第 7 條：

> 美利堅合眾國茲承認國家自主之原則，關於貨物進出口稅率，以及存票通過與其他一切之稅項，得適用於暹羅王國在與其他各國同等待遇之條件內。美利堅合眾國並承允暹羅於其稅則項下增高現行協定之稅率；但仍須其他多國之有權要求暹羅稅則上特別待遇者，自由成允該項加稅，並不需索任何報酬利益，或特別權利爲限。

寶道並稱該條文也加入同時商訂的一切新約內，在各條約一概批准後實行上也沒有發生困難；然而，寶道認爲這種仰仗「他國不需索」的方式，會使中國在讓與最惠國條款後，又使不平等條款永遠繼續，所以他更加懷疑暹羅方法在中國的可行性。顯然在寶道的印象中，與中國訂約的國家一定有要求特殊待遇者。〔註 75〕

（三）寶道的結論與意見的限制

陳述完四種解法之後，寶道重新陳述了一次他對問題的認知：中國是在某種情況下，仍須對各享有特殊待遇的條約國，允許繼續司法、關稅以及稅捐等事項的現況，直到新約成立、中國完全自由之後。其中必須注意的一點，就是新舊制度之間，並沒有所謂的過渡制度與辦法，寶道認爲使用過渡辦法的話，問題就會更加複雜。因爲一但關稅事項規定了一種過渡稅制，那麼有關內地與外人之間的訴訟事件，也必須有一種過渡機制。寶道認爲這個問題非常複雜，他如果沒有適宜、詳細的辦法草案、條款，不會隨意的上呈給中國政府。〔註 76〕

〔註 74〕 〈關於最惠國條款〉，1928 年 3 月 14 日，03-23-036-04-004。
〔註 75〕 〈關於最惠國條款〉，1928 年 3 月 14 日，03-23-036-04-004。
〔註 76〕 〈關於最惠國條款〉，1928 年 3 月 14 日，03-23-036-04-004。

此外寶道提醒一件事情，就是在將來新訂各條約實行之後，關於某種或某等事項，中國如果又願以某種讓與，界予某國或某等國，而這種權利讓與可能載於新約或於新約成立之協定；可能又會造成中國條約、外交上最惠國條款問題。雖然在此明確表示了反對意見，但寶道在文末又補上了一段話：「然究竟將來中國應否於新約內加入最惠國條款，此為一般政策問題，鄙人則認為非本篇問題之小範圍（文字問題）所應及履。」似乎表明不願對中國內政多做干涉，也可能是要避免背負政策責任。〔註 77〕

二、議題後續的發展與評價

寶道將說帖送去外交部以後，可能引起了部中人員的興趣與討論，於是外交部司長錢泰（1886～1962）便在 3 月 26 日前的一個週六拜訪寶道，與他討論最惠國條款問題，錢泰特別提出了一些問題請寶道注意與討論，寶道將問題中容易發生困難之處從各方面研究後，認為若要讓與最惠國條款給願意根據平等互相原則改訂新約的各國，又要避免被現在有訂約的各國利用，唯一可行的方案，只有將最惠國條款之許予作為各國放棄從前特別權利之交換。寶道稱這種方法，就可以拒絕任何不肯放棄特殊權利的國家享有新的最惠國待遇。寶道稱自己為了要讓自己的提議更為明瞭，所以假定了一紙中國與比利時兩國改訂的新約作為範例，於 3 月 26 完成後函送給外交部。〔註 78〕

寶道在實際陳述之前，一直說明自己只是用虛擬的條約來說明自己的建議方法而已，〔註 79〕似乎很怕這些未經針對中比交涉現況研究後，才行擬定的條約被中方挪去實用，若發生問題還需承擔決策責任。一再聲明這些虛擬條約的用途後，才實際陳述他的建議：在新訂條約後增加一紙議定書來規定最惠國條款的實行條件與規則，實際內容如下：

> 兩締約國全權代表，本日簽訂中比友好通商行船條約之時，同意議
> 定條款如下：
> 第一條、本約內關於關稅、司法以及稅捐各項之第○○條及第○○
> 條一俟現行條約內，關於同樣各項許予其他各國之特許待遇條款，
> 經互相同意廢止以後，在華即分別實行有效。

〔註 77〕　〈關於最惠國條款〉，1928 年 3 月 14 日，03-23-036-04-004。
〔註 78〕　《北洋政府外交部》，〈關於最惠國條款〉，1928 年 3 月 26 日，中央研究院近代史研究所檔案館藏，館藏號：03-23-036-04-006。
〔註 79〕　〈關於最惠國條款〉，1928 年 3 月 26 日，03-23-036-04-006。

第二條、在本約第○○條及第○○條實行有效以前，得適用下列之規定。

（一）比國人民輸入中國、比國貨物與輸往比國之中國貨物，以及比國人民輸入中國或運出中國之任何他種貨物，按照中國政府將來正式公布，並經有權享受關稅上特別待遇其他各國承認之，任何過渡稅則或國定稅則、繳納進出口稅。

（二）比國在華人民歸我法庭管轄，其他個法庭一概除外……（為再有附加之條款，中國政府願與比國人民者，可加與此）

（三）比國在華人民應與納稅（此處可將中國政府提出之種數名稱列入）

（四）比國政府從此放棄關稅、司法及稅捐各項之特殊權利，以後比國人民得在中華國境內，任何區域、自由遊歷、居住，並得為任意行業、經營任何商務業務或工業，但仍須該人民等遵守本約及本議定書規定……〔註80〕

既然改用了議定書的方式，就表示寶道的第一種解決方案：在條約後另加條文的方式被放棄了，而且虛擬的條文中也沒有談到若干年後生效，以及其他有權國家不要求一體均霑的事情，顯然是與錢泰會面過後，寶道認為說帖中只剩下第二方案可行。〔註81〕在進行最後的價值判斷前，在此需要對一些事情進行解釋：雖然寶道使用中國與比利時的新約改訂為範例，但本文之所以認為寶道實際上是對中日交涉提出了意見，是因為在寶道的意見被外交部收納在《中日修約》的卷宗之內；此外，如本節本節一開始所述，1926年至1928年的中日修約交涉，確實在最惠國條款上一直無法取得共識，可能是事關機密，所以羅文榦總長和錢泰司長都沒有告知寶道，實際上遇到困難的是中日交涉，儘管如此，寶道仍提出了出色及另中方感到興趣的意見。

　　至於寶道意見在實際交涉的作用上，雖然直到北洋政府解散前，中日雙方都沒有談出實際的成果，但繼承的國民政府最終也放棄了「革命外交」，走回與日本等列強逐一修訂條約的方針，並於1928年底至1929年初簽訂一系

〔註80〕　〈關於最惠國條款〉，1928年3月26日，03-23-036-04-006。
〔註81〕　〈關於最惠國條款〉，1928年3月26日，03-23-036-04-006。

列含有最惠國待遇的條約，〔註82〕其中的《中英關稅條約》明確的有條件讓與大英帝國最惠國待遇。如條約明訂：給予加拿大、澳大利亞、紐西蘭、南非、愛爾蘭自治邦各政府及印度等地，出產或製造之貨物給予最惠國之待遇，但需將「任何限制中國自定關稅稅則，及船鈔數目權之各條款所享之權利」放棄，還有在前述等大英帝國領地，對「中國境內出產或製造之貨物所予待遇，不異於任何他國出產或製造之貨物」時才得享有；而且上述有關最惠國待遇授與條件的規定，是紀錄在條約條文之外的「附件」之上，〔註83〕與寶道所說條約之外的「議定書」性質十分接近。也就是至少在《中英關稅條約》這一需要讓與最惠國待遇的條約擬定上，寶道的意見幾乎全數有用，可以說當時寶道是做了正確及有用的判斷。

　　而本來可能會使用寶道意見的中日交涉，經由國民政府接手後，因日本不願接受以中日舊約已被單方面廢除為前提的《南京國民政府關於與各國舊約已廢新約未訂前所適用的臨時辦法七條》，所以雙方修約交涉一度停頓，但在列強逐一與國民政府改訂新約，也不願與日本一同施壓的等不利情形下，日本1928年9月決定重新開始修約交涉，國民政府於1929年放棄討論舊約效力的問題後，中日新約的修訂開始有實際的進度，其中以關稅交涉的進展最大，最後於1930年簽訂一《中日關稅協定》〔註84〕，條文中承認中國關稅自主原則，雖然並無明文提起任何的「最惠國待遇」，但在附件有中日兩國互相約定對於四種出產品或生產品，在三年內所能收取的最高稅則，〔註85〕其實類似一種互惠協定，也是對日本在一定的時間內給予的特別待遇，而條件就是必須承認中國在訂約三年後的關稅自主。也可說在中日修約交涉上，寶道曾經提出的意見也是有用處的，甚至可稱寶道對於國際法上最惠國待遇引用上的見解是非常正確的，若他的意見有受到留任國民政府的外交人員傳承，以及使用的話，那便是替國民政府在與列強交涉新約的過程中，省去了一番重新研究的功夫。

〔註82〕唐啓華，《被「廢除不平等條約」遮蔽的北洋修約史（1912～1928）》，頁449～450、460。

〔註83〕外交部情報司編，《新訂中外條約》（南京：外交部情報司，1928），頁14～15、18～19。

〔註84〕唐啓華，《被「廢除不平等條約」遮蔽的北洋修約史（1912～1928）》，頁451～459、462～464。

〔註85〕黃於鮑，《中外條約彙編》（上海：商務印書館，1935），頁268～270。

第五章 結 論

　　北洋政府統治的 1912～1928 年歷經了諸多改變中國國際地位的重要事件，而且北洋政府的官員也積極的利用這些歷史機遇、中國有限的國力來達成清末以來外交改革的目標：重新成為一個受人景仰的大國，還有獲得國際間平等的地位，因此要廢止一切列強在中國不平等的權利，如治外法權、協定關稅、外國租借等、並使中國參與國際事務。目前既有研究已經肯定中國官員在這一系列事件中的努力及成就，然而，由北洋政府高薪聘任的外籍顧問究竟扮演了什麼角色？

　　寶道自 1914 年來華就任，此後北洋政府更迭頻繁中他始終受到重用。儘管他最初是因善後大借款交涉時為列強安插在中國審計處、意圖控管中國財政的外籍顧問；但經本文研究後，可以發現寶道頗善盡做為中國顧問之職責。本文第二章探討中國在大戰時期試圖確認捕獲敵船的法理地位、制訂捕獲法規、敵僑財產處理政策，寶道的參與促進了中國制訂出一套合乎國際標準的規則，此外，本章也探討了中國參加和會所處的地位與應持的態度，寶道為中國參與重要國際會議做出適切的準備。第三、四章探討中國對無約國交涉、中德恢復和平、廢棄《中日民四條約》、到期修約交涉，寶道參與了中國恢復國際平等地位，收回諸多在華外人治外法權、商務特權、租借地的企圖與努力，而白雪利案的遷延與交涉，寶道的建言使北洋政府能拒義大利政府延伸治外法權的企圖。

　　在本文探討的十一項議題中，寶道建言較被採納的有：「捕獲敵船與捕獲法規」、「中國參加和會意見」、「山東損失對德求償」、「拒簽合約後山東問題處理」、「歐戰時敵僑財產處理」、「白雪利案交涉」、「國會籌議廢棄二十一條」、

「中日到期修約案」等八個議題；而其他三項的議題：「中國對無約國交涉」、「中德恢復和平」、「德華銀行財產處理」則因各種因素而不被採納。由此觀之，寶道確實發揮了北洋政府對外籍顧問的期待和作用，而北洋政府沒有採用寶道的逐項意見，也顯示了北洋政府並未對外籍顧問言聽計從，仍保持了高度的自主性。

寶道的意見為何頗受重用，本文以為這是由於寶道自身才能及訓練的關係。寶道於法國受國際法訓練、抵華之前已歷經國際外交事務的洗練，抵華之後又深入中國國情，不僅有「深諳中國國情」的評價，並和中國的外籍顧問相互切磋。可以確定的是，北洋政府應確實將寶道視為一重要的意見提供者，因為在寶道處理的議題中，僅有「拒簽和約後山東問題處理」與「俄羅斯帝國分裂的影響」兩議題可能是寶道自發研究；其餘的議題雖然寶道有自行延伸研究，如「中德恢復和平辦法」及「白雪利案」兩案，然而對該議題的興趣終究是經中方人員諮詢後才發起的，也就是大多數的議題是北洋政府人員請寶道提供意見；除此之外，巴黎和會代表團也將寶道收羅在內，而且寶道幾乎是個無間斷、每年受諮詢的顧問，由此可見寶道所受到的重視與肯定。或許就如數次擔任外交重職的顏惠慶回憶時所述的一般：「受聘於司法部的一位顧問，也備受尊敬，曾幫助我國草擬各種法規，並將其議成外文」、「政府所聘顧問，其優秀者多系專家學者。」〔註1〕

由寶道的各項建言文字，可以肯定他對北洋政府參與國際事務做出重要貢獻。可惜的是有關寶道個人生命歷史的部分，筆者因為材料掌握尚未周全，因此在只能略窺一二。

首先，寶道顧問有與其他在華顧問進行工作狀況的交流，如和莫理循抱怨未受中國政府重用；其次是寶道與一部份高級外交官員可能有私人關係，如陸徵祥與陳籙，因為有關俄羅斯帝國分裂的意見書，是指名交給陸徵祥總長；捕獲敵船在宣戰後的地位變化、捕獲法規、拒簽和約後山東問題處理，中德恢復和平等意見，是指名函送給外交部次長陳籙，筆者以為寶道與兩位正副部長的私人關係，也是寶道幾次主動研究議題的動機；再者，寶道雖然針對諸多重大議題提出意見，但是除了參與巴黎和會時，他應該與北洋政府的決策核心保持了一段距離，如寶道受邀對捕獲敵船地位變化提出意見前，

〔註1〕顏惠慶著，吳建雍、李寶臣、葉鳳美譯，《顏惠慶自傳——一位民國元老的歷史記憶》（北京：商務印書館，2003），頁207～208。

他和其他顧問一點都沒有察覺北洋政府要詢問該問題；處理國會籌議廢棄二十一條案時，寶道無法即時取得相關的官方文件，也是透過報紙瞭解中國國會的態度；受邀對德華銀行財產提出處理意見時，寶道甚至不知北洋政府自始便不將該行當作純私人財產。由此上述可見，寶道對政府內部核心的消息知曉不多，不是北洋政府決策中樞刻意疏離外籍顧問，就是寶道有意遠離北洋政府的政治核心。最後，筆者以為寶道一度保有歐洲消息的情報管道，這點顯示在針對俄羅斯帝國分裂的意見書中，寶道曾在其中透露，他接獲信件得知俄羅斯帝國最新的政治情況，進而執行判斷；但是寶道針對中德恢復和平提出意見時，對德國政府態度嚴重誤判，並沒有始終如一的掌握對歐洲情勢。

　　整體而言，寶道雖然是列強是意圖控管中國財政而安插的外籍顧問，但北洋政府仍願意信任他的長才，直到北洋政府即將解散的 1928 年，在許多重要的涉外議題上都向他請益。儘管如此，北洋政府也保持了高度的自主性，不會對寶道的意見言聽計從，亦可能刻意不讓他接觸決策中樞。然而，寶道也未因此捨棄他能承擔的責任，他時常強調自己站在中國政府的立場論述，而他的意見頗多受到採納及發揮作用，也可證明北洋政府相信他的人格，以及他的意見是確實對中國著想。由此可見，至少以寶道這個案例而言，外籍顧問可以是中國參與國際、恢復國際地位的重要助力，也是探討現代中國發展歷程中應當注意的角色。

　　本文雖然已初步探討了寶道對中國參與重大國際事務的貢獻，但如要完整瞭解寶道做為外籍顧問的個人活動及所發揮的具體作用，目前尚有不足之處。例如：寶道來華以前的經歷如何？在中國的遊歷見聞？與中國官員和其他的顧問關係究竟如何？到底是何時離開中國的？甚至目前筆者尚未尋獲其卒年。此外，因為材料及篇幅的限制，本文未能探討寶道擔任審計處、司法部顧問的作為及影響。再者，寶道於南京政府時期的顧問角色亦因資料所限，並不在本文的探討範圍內。上述議題是本文的限制，也是未來尚待開發的議題。

附錄一　寶道討論議題列表

議　題	日　期	備　註
審計院法中核准狀之意見	1917 年	
海上捕獲	1917 年 11 月	
俄國政變	1918 年 05 月	
驅逐敵僑	1918 年 12 月	
審計院營業收支計算書格式	1919 年	
參與歐洲和會全權委員處第一次至七十五次會議錄	1919 年 01 月	
論膠州問題，新建各國通好訂約問題	1919 年 05 月	
中德商約	1919 年 11 月	
中德恢復和平事	1919 年 11 月	
天津奧國租借案	1919 年 12 月	
山東問題	1920 年 02 月	
德華銀洋清理債務	1920 年 03 月	
審計院每年度製備審計報告	1920 年 4 月 6 日	
白雪利案	1920 年 05 月	
滿西調查	1920 年 06 月	
新疆中俄局部通商	1920 年 08 月	
中俄條約 15、16 條修改期限	1920 年 09 月	
中法銀行改組	1922 年 06 月	
關於清理沒收在中國德僑私人財產問題	1922 年 11 月	
整理外債	1923 年 2 月	

關於中德賠款問題	1923 年 6 月	
關於德使館參贊會談德國賠款修正案	1924 年 1 月	
議院選舉審計官	1924 年	
奧國借款	1924 年 10 月	
整理無抵押債款	1925 年	
憲法 119 條實行之意見	1925 年	
建議中國財政改造及債務統一	1925 年	
中日條約最惠國條款	1928 年 03 月	
收回澳門問題	1928 年 03 月	
日人越界捕魚	1928 年 04 月	
俄羅斯政府在紙盧布貶值的責任	1928 年 05 月	
暹羅治外法權之撤廢		發表日期不明
關於治外法權的誤解		發表日期不明
條約之拘束力	《法律週刊》，1923 年第 8 期	因為尚無法確認以下期刊各期明確的發表月份，所以僅能先登錄發表的年份。
整理無抵押債務兼籌國家行政經費意見書	《銀行週刊》，1925 年第 2 卷第 23 期	
婚姻財產法	《法學季刊》，1930 年第 1 卷第 1 期	
中國親屬法之改造	《法學季刊》，1930 年第 1 卷第 1 期	
「法律適用條例」之意見	《中華法學雜誌》，1930 年第 1 卷第 3 期	
中國教科書中的排外教育	1932 年 4 月	
義國法學研究院注意中國之立法	《中華法學雜誌》，1931 年第 2 卷第 12 期	
近數年間之國際刑法會議	《中華法學雜誌》，1931 年第 2 卷第 5 期	
犯人之斷絕生殖能力	《中華法學雜誌》，1932 年第 3 卷第 2 期	
南斯拉夫刑事法律之革新	《中華法學雜誌》，1932 年第 3 卷第 2 期	

各國刑法中緩刑制度採用之趨勢	《中華法學雜誌》，1932年第 3 卷第 1 期
紐約州議會提議陪審員之判斷不須一致同意	《中華法學雜誌》，1932年第 3 卷第 1 期
鴉片罪之芻議	《中華法學雜誌》，1932年第 3 卷第 11～12 期
各國立法例遺棄罪之比較研究	《中華法學雜誌》，1932年第 3 卷第 1 期
義大利法學研究院	《中華法學雜誌》，1932年第 3 卷第 3～4 期
中國近世法律之移譯	《中華法學雜誌》，1932年第 3 卷第 11～12 期
中國教科書中的排外教育	1932 年 3 月 17 日
中俄復交	1932 年 6 月 1 日
蘇聯出售中東鐵路	1933 年 4 月 19 日
關於訴訟法改良	法治週報，1933 年年第 1 卷第 34 期～40 期
對於破產法草案之意見	《中華法學雜誌》，1934年第 5 卷第 10～12 期
上訴期間停止執行問題	《中華法學雜誌》，1934年第 5 卷第 8～9 期
刑法典之修正	《中華法學雜誌》，1934年第 5 卷第 5 期
對於中國律師公會組織與律師懲戒意見書	《現代司法》，1935 年第 1 卷第 11 期

資料來源：中央研究院中央研究院近代史研究所檔案館藏檢索系統（http：//archdtsu.mh.sinica.edu.tw/filekmc/ttsfile3?4：923308374：0：/data/filekm/ttscgi/ttsweb.ini：：@SPAWN）（2013.11.12 上網）、王健編，《西法東漸——外國人與中國法的近代變革》（北京：中國政法大學出版社，2001）、大成老舊期刊全文數據庫（已改名大成故紙堆）。（http：//www.dachengdata.com/search/toRealIndex.action）（2013.11.12 上網）、戚如高編選，〈北洋政府審計院外籍顧問寶道等改革中國審計制度的建議〉，《民國檔案》1994 年第 1 期，財政科學研究所、中國第二歷史檔案館編，《民國外債檔案史料》。

徵引文獻

一、檔案史料

1. 中央研究院近代史研究所藏，北洋政府外交部檔：

　　檔號：03-01-026，檔號：03-02-012，檔號：03-11-016，檔號：03-18-038，
　　檔號：03-20-011，檔號：03-20-012，檔號：03-21-008，檔號：03-21-012，
　　檔號：03-21-013，檔號：03-23-042，檔號：03-23-046，檔號：03-32-033，
　　檔號：03-23-036，檔號：03-32-074，檔號：03-33-092，檔號：03-33-101，
　　檔號：03-33-146，檔號：03-33-152，檔號：03-33-157，檔號：03-33-182，
　　檔號：03-33-186，檔號：03-33-187，檔號：03-34-001，檔號：03-34-009，
　　檔號：03-34-010，檔號：03-35-145，檔號：03-36-036，檔號：03-36-060，
　　檔號：03-36-061，檔號：03-36-114，檔號：03-36-115，檔號：03-36-117，
　　檔號：03-36-174，檔號：03-37-012，檔號：03-37-034。

2. 中國社會科學院近代史研究所圖書館藏：檔號：史 741/3038。

二、期刊、報紙、公報

1. 〈法令〉，載《東方雜誌》，1917 年第 14 卷第 12 期，頁 191～198。

2. 阮毅成，〈記徐東藩先生〉，載《傳記文學》第 17 卷第 3 期（1962），頁 53～57。

三、專著

1. 外交部情報司編，《新訂中外條約》（南京：外交部情報司，1928）。

2. 中央研究院近代史研究所編，《中日關係史料：巴黎和會與山東問題‧中華民國七年至八年》（臺北：中央研究院近代史研究所，2000）

3. 中央研究院近代史研究所編，《中日關係史料：山東問題（上）‧中華民國九年至十五年》（臺北：中央研究院近代史研究所，1987）。

4. 王綱領，《民初列強對華貸款之聯合控制——兩次善後大借款之研究》（臺北：私立東吳大學中國學術著作獎助委員會，1983）。
5. 王健編，《西法東漸——外國人與中國法的近代變革》（北京：中國政法大學出版社，2001）。
6. 王建朗，《中國廢除不平等條約的歷程》（南昌：江西人民出版社，2000）。
7. 史景遷著，溫洽溢譯，《改變中國》（臺北：時報文化出版企業股份有限公司，2006）。
8. 石源華，《中華民國外交史》（上海：上海人民出版社，1994）。
9. 西里爾・珀爾（Cyril Pearl）著，檀東鍟，竇坤譯，《北京的莫理循》（福州：福建教育出版社，2003）。
10. 司克脫氏編，蓬萊錢寶源（Archibald P. Ch'ien）譯，《兩次海牙國際和平會盟約全書》（上海：商務印書館，1919）。
11. 完顏紹元，《王正廷傳》（石家莊：河北人民出版社，1999）。
12. 吳翎君，《美國與中國政治（1917～1928）——以南北分裂政局爲中心的探討》（臺北：東大圖書股份有限公司，1996）。
13. 吳翎君，《美國大企業與近代中國的國際化》（臺北：聯經出版事業公司，2012）
14. 吳頌臯，《治外法權》（上海：商務印書館，1933）。
15. 沈雲龍主編，《近代中國史料叢刊》第八十七輯，（新北：文海出版社有限公司，1973）。
16. 胡光麃，《影響中國現代化的一百洋客》（臺北：傳記文學出版社，1983）。
17. 孟憲章，《世界最近之局勢 第二卷 巴黎和會》（北京：北京師範大學史地學社，1926）。
18. 侯中軍，《近代中國的不平等條約——關於評判標準的討論》（上海：上海書店出版社，2012）。
19. 孫曜，《中華民國史料》（臺北：文海出版社，1966）。
20. 郭劍林，《北洋政府簡史》（天津：天津古籍出版社，2000）（上下卷）。
21. 黃于玲，《中國近現代政府舉債的信用激勵、約束機制研究》（新北：碩亞數碼科技有限公司，2010）。
22. 黃於鮑，《中外條約彙編》（上海：商務印書館，1935）。
23. 徐國琦著，馬建標譯，《中國與大戰：尋求新的國家認同與國際化》（上海：上海三聯書店，2008）。
24. 張玉法，《中華民國史稿》（臺北：聯經出版事業公司，1998）。
25. 馬建標，《衝破舊秩序——中國對帝國主義國際體系的反應（1912～1922）》（北京：社會科學文獻出版社，2013）。

26. 唐啓華，《北京政府與國際聯盟（1919~1928）》（臺北：東大圖書股份有限公司，1996）。

27. 唐啓華，《被「廢除不平等條約」遮蔽的北洋修約史（1912～1928）》（北京：社會科學文獻出版社，2010）。

28. 財政科學研究所、中國第二歷史檔案館編，《民國外債檔案史料》（北京：中國檔案出版社，1990），第一卷。

29. 徐有春主編，《民國人物大辭典》（北京：新華書店，1991）。

30. 楊陰溥，《民國財政史》（北京：中國財政經濟出版社，1985）。

31. 劉悅、張暢，《李鴻章的洋顧問：德璀琳與漢納根》（新北：傳記文學出版社股份有限公司，2012）

32. 駱惠敏編，劉桂梁等譯，《清末民初政情內幕——《泰晤士報》駐北京記者袁世凱政治顧問喬‧厄‧莫理循書信集》（上海：知識出版社，1988）（上下卷）。

33. 薩孟武，《國際紛爭與國際聯盟》（上海：商務印書館，1928）

34. 顏惠慶著，姚崧齡譯，《顏惠慶自傳》（臺北：傳記文學出版社，1973）。

35. 顏惠慶著，吳建雍、李寶臣、葉鳳美譯，《顏惠慶自傳——一位民國元老的歷史記憶》（北京：商務印書館，2003）

36. 顧維鈞著，中國社會科學院近代史研究所譯，《顧維鈞回憶錄》第一分冊（北京：中華書局，1985）。

四、論文

1. 工爾敏，〈總理衙門譯印《萬國公法》以吸取西方外交經驗〉，《臺灣師大歷史學報》第 37 期（2007.06），頁 119～141。

2. 王澤東、鄧斌豪，〈1925 年加侖力主北伐的原因探析〉，《樂山師范學院學報》2003 年第 8 期，頁 69～72。

3. 召勇，〈莫理循眼中的清末新政〉，《大慶師範學院學報》第 26 卷第 6 期（2006.12）。

4. 李雪濤，〈湯若望筆下的明清之變——崇禎皇帝的末日、山海關之戰以及大順政權被逐出北京〉，《文化雜誌》第 71 期（2009），頁 157～162。

5. 李如松，〈大革命中的異國統帥——北伐的實際指揮者加侖將軍〉，《黨史縱橫》1998 年第 5 期，頁 32～37。

6. 作者不詳，〈抗戰時期蘇聯顧問團活動一瞥崔可夫的在華使命〉，《軍事歷史》2005 年第 2 期，頁 48～51。

7. 呂一燃，〈民國時期中國人民收回澳門的鬥爭與中國政府的態度〉，《近代史研究》1999 年 06 期，頁 18～40。

8. 汪敬虞，〈1895～1927 年外國在華銀行勢力的擴張〉，《中國經濟史研究》1995 年第 4 期，頁 1～34。

9. 吳翎君，〈1923 年北京政府廢除《中日民四條約》之法理訴求〉，《新史學》第 19 卷第 3 期（2008.09），頁 157～186。

10. 何勤華，〈外國人與中國近代法學〉，《中外法學》第 14 卷第 4 期，頁 441～453。

11. 宋超、惠富平，〈建國初期中蘇農業科學技術合作初探〉，《中國農史》，2006 年第 4 期。

12. 周維強，〈神威四域，武成永固——康熙朝歐式火砲新考〉，《故宮學術季刊》第 30 卷第 1 期（2012.09），頁 161～194。

13. 周黎揚，〈抗日戰爭期間蘇聯軍事顧問團在中國〉，《百年潮》2005 年第 8 期，頁 26～34。

14. 姚崧齡，〈介紹國際法之丁韙良〉，《傳記文學》第 15 卷第 5 期（1969.11），頁 4～9。

15. 孫子和，〈中國最早外事人員之培育與外交——丁韙良「同文學院」的詮釋〉，《中國文化大學政治學研究所學報》第 8 期（1999.12），頁 53～70。

16. 孫邦華，〈論傅蘭雅[John Fryer]在江南製造局譯書及其影響〉，《中國文化研究所學報》第 2 期（1993），頁 39～80。

17. 唐啓華，〈清末民初中國對「海牙保和會之參與」（1899～1917）〉，《國立政治大學歷史學報》第 23 期（2005），頁 45～90。

18. 郭存孝，〈莫理循博士及其手創的亞洲書庫〉，《近代中國》第 138 期（2000.08），頁 196～207。

19. 梁若愚，〈南懷仁的《七奇圖說》——兼論清人對《七奇圖說》的排斥與接受〉，《澳門歷史研究 》第 5 期（2006.11），頁 153～159。

20. 陳才俊，〈伯駕與 19 世紀中葉的美國對臺灣政策〉，《澳門歷史研究》第 7 期（2008.12），頁 106～117。

21. 陳晉文，〈法國軍事顧問團來華与抗戰前期中法關系〉，《民國檔案》1998 年第 2 期，頁 77～82。

22. 張學繼，〈有賀長雄與中國憲政〉，《歷史月刊》第 83 期（1994.12），頁 106～110。

23. 張啓榮，《有賀長雄、古德諾與民國初年的憲政體制問題》，《二十一世紀》第 42 期（1997.08），頁 47～58。

24. 張暢、劉悦，〈李鴻章與他的洋顧問漢納根〉，《傳記文學》第 97 卷 6 期（2010.12），頁 4～18。

25. 張暢、劉悦，〈中日甲午海戰中的漢納根與北洋艦隊〉，《傳記文學》第 98 卷 1 期（2011.01），頁 42～54。

26. 張暢、劉悅,〈漢納根與中國近代新軍的嚆矢〉,《傳記文學》第 98 卷 2 期（2011.02）,頁 4～16。

27. 張暢、劉悅,〈漢納根與德璀琳——兩位並肩在華奮鬥的德國僑民〉,《傳記文學》第 98 卷 5 期（2011.05）,頁 4～18。

28. 張暢、劉悅,〈德璀琳與北洋水師〉,《傳記文學》第 98 卷 6 期（2011.06）,頁 12～25。

29. 張暢、劉悅,〈作爲李鴻章密使的德璀琳〉,《傳記文學》第 99 卷 2 期（2011.08）,頁 20～36。

30. 張暢、劉悅,〈德璀琳與天津租界〉,《傳記文學》第 99 卷 3 期（2011.09）,頁 93～105；第 99 卷 4 期（2011.10）,頁 104～118。

31. 張暢、劉悅,〈德璀琳與開平煤礦〉,《傳記文學》第 99 卷 5 期（2011.11）,頁 83～98。

32. 曹春榮,〈軍事顧問李德是怎樣來中國的〉,《天津政協》2012 年第 6 期,頁 38。

33. 許峰源,〈中國國際化的歷程——以清末民初參與萬國郵政聯盟爲例〉,《中興史學》第 11 期（2005.06）,頁 1～22。

34. 傅寶眞,〈在華德國軍事顧問史傳——民國十七年至二十七年〉,《傳記文學》第 23 卷第 3 期（1973.09）,頁 5～10。

35. 傅寶眞,〈在華德國軍事顧問史傳-2-〉,《傳記文學》第 24 卷第 1 期（1974.01）,頁 90～98。

36. 傅寶眞,〈在華德國軍事顧問史傳（4）：林德曼（Fritz Lindemann）〉,《傳記文學》第 25 卷第 2 期（1974.08）,頁 78～87。

37. 傅寶眞,〈色克特將軍第二次使華〉,《傳記文學》第 28 卷第 1 期（1976.01）,頁 32～38。

38. 傅寶眞,〈抗戰前在華之德國軍事顧問與中德經濟及軍事合作之分析〉,《近代中國》第 45 期（1985.02）,頁 114～134。

39. 傅寶眞,〈The German Military Advisers' Participation in the Sino-Japanese Conflict and Their Recall in 1938 〉,《東海學報》第 26 期（1985.06）,頁 113～128。

40. 傅寶眞,〈抗戰初期之法爾克豪森與德顧問團之撤退：「在華之德國軍事顧問史傳」之第十二章〉,《傳記文學》第 46 卷第 6 期（1985.06）,頁 110～118。

41. 傅寶眞,〈外籍顧問組織與中國之現代化（1）：民國一十年至二十七年德俄顧問團之比較研究 〉,《逢甲學報》第 19 期（1986.11）,頁 195～216。

42. 傅寶眞,〈The Role of the German Advisers in the Development of the Chinese War Preparation Efforts 1928～1937：Economic Reconstruction Programs and Armament Industry 〉,《逢甲學報》第 20 期（1987.11）,頁 113～138。

43. 傅寶眞，〈對「德國顧問團在中國」任務研究的認識：從馬丁博士（Prof. Dr. Bernd Martin）一篇演講引發的省思〉，《近代中國》第 67 期（1988.10），頁 136～142。

44. 傅寶眞，〈對「德國顧問團在中國」任務研究的再認識 〉，《近代中國》第 68 期（1988.12），頁 186～192。

45. 傅寶眞，〈駐華俄・德軍事顧問團產生的歷史背景與歷史意義（民國十二年至二十七年）〉，《興大歷史學報》第 1 期（1991.02），頁 213～236。

46. 傅寶眞，〈李曼、魏澤爾、史迪威（Otto Liman von Sanders、Joseph W. Stiwell、Georg Wetzell）： 三位在東方具有爭議性外國軍事顧問的比較研究〉，《近代中國》第 120 期（1997.08），頁 95～109；〈第 121 期（1997.10），頁 120～139。

47. 傅寶眞，〈德籍駐華軍事顧問的類型與意識形態及其對抗戰建軍所引起之諸種問題〉，《中華軍史學會會刊》第 2 期下冊（1997.12），頁 523～563。

48. 傅寶眞，〈抗戰前與初期之駐華德國軍事顧問〉，《近代中國》，第 47 期（1985.06），頁 199～204；第 51 期（1986.02），頁 210～215；第 52 期（1986.04），頁 149～163；第 53 期（1986.06），頁 234～246；第 54 期（1986.08），頁 205～218；第 57 期（1987.02），頁 225～242；第 61 期（1987.10），頁 141～150；第 64 期（1988.04），頁 174～187；第 71 期（1989.06），頁 175～184；第 76 期（1990.04），頁 196～210；第 78 期（1990.08），頁 129～140；第 80 期（1990.12），頁 155～170。

49. 曾成貴，〈鮑羅廷：黃埔軍校倡建者、頂層設計者及革命化推進者〉，《湖北行政學院學報》2014 年第 5 期，頁 0～13。

50. 葉承遠，〈論美國與洪憲帝制〉，《史學研究》第 16 期（2002.07），頁 59～83。

51. 葉介甫，〈孫中山首席蘇聯顧問鮑羅廷的政見沉浮〉，《文史春秋》2012 年第 2 期，頁 12～19。

52. 葉文益，〈「洋顧問」李德其人其事〉，《源流》2001 年第 11 期，頁 32～34。

53. 劉廣定，〈傅蘭雅（Fryer, J. 1839～1928）——十九世紀科學傳入中國的功臣 〉，《科學月刊》第 12 卷第 12 期（1980.10），頁 64～68。

54. 劉學照、孫邦華，〈傅蘭雅〔John Fryer〕在西學傳播中的貢獻〉，《香港中文大學中國文化研究所學報》第 21 期（1990），頁 39～80。

55. 劉志青，〈抗日戰爭期間蘇聯在華軍事顧問及其作用〉，《軍事歷史》1991 年第 4 期，頁 34～38。

56. 劉耀，〈日本顧問與南京臨時政府的法制建設——以寺尾亨、副島義一的學術背景爲中心〉，《暨南學報》（哲學社會科學版）2012 年第 8 期，頁 150～154。

57. 趙陽輝、朱亞宗,〈蘇聯專家與中國軍校的創辦——對軍事工程學院檔案的考析〉,《冷戰國際史研究》2010 年第 2 期,頁 27～48。

58. 楊慧、衣寶中,〈建國初期蘇聯對我國東北地區農業技術援助的研究〉,《農業考古》2010 年第 4 期。

59. 楊彥哲,〈重讀古德諾〉,《人文中國學報》第 17 期(2011.09),頁 625～675。

60. 楊青隆,〈海關總稅務司赫德之跨文化衝突與管理意涵——由赫德 1864 年第 8 號通札解析〉,《吳鳳學報》第 11 期(2003.05),頁 53～60。

61. 董銳平、胡玉海,〈近代日本軍事顧問來華原因及影響〉,《遼寧大學學報》(哲學社會科學版)第 30 卷第 5 期(2006.09),頁 6～10。

62. 董銳平,〈晚清時期日本顧問來華原因淺析〉,《理論界》2003 年第 6 期,頁 71～73。

63. 趙繼祖,〈中國海關檔案流落異邦——外國人掌理我國海關奇史:赫德(Robert Hart)‧費正清(John King Fairbank)‧李度(Lester Knox)〉,《中外雜誌》第 72 卷第 4 期(2002.10),頁 113～118、100～102。

64. 盧雪燕,〈南懷仁《坤輿全圖》與世界地圖在中國的傳播〉,《故宮文物月刊》第 304 期(2008.07),頁 18～27。

65. 錢守雲,〈加侖對革命的貢獻〉,《黨史文匯》2002 年第 2 期,頁 41。

66. 薛銜天,〈功過鮑羅廷〉,《俄羅斯學刊》2012 年第 5 期,頁 50～57。

67. 謝一彪,〈論中央蘇區時期的李德〉,《贛南師范學院學報》1999 年第 2 期,頁 78～81。

68. 譚樹林,〈美國傳教士伯駕(Peter Parker)與西方國際法首次傳入中國〉,《文化雜誌》第 55 期(2005),頁 67～76。

69. 譚樹林,〈美國傳教士伯駕(Peter Parker)在華醫療事業及其影響〉,《文化雜誌》第 62 期(2007),頁 57～78。